日本語の教養100

今野真二
Konno Shinji

河出新書
027

はじめに

夏目漱石の『門』に次のようなくだりがあります。

> 翌日宗助が眼を覚ますと、亜鉛《とたん》張の庇の上で寒い音がした。御米が襷掛のまま枕元へ来て、／「さあ、もう時間よ」と注意したとき、彼はこの点滴の音を聞きながら、もう少し暖かい蒲団の中に温もっていたかった。

「寒い音」は雨の音のはずで、それが「点滴の音」と言い換えられています。現在では、「テンテキ（点滴）」は「栄養分の補給や輸血などのため、高所に置いた灌注器から液を滴下させ管で接続した注射針によって静脈内に注入する方法。点滴注射」（『広辞苑』第七版）のことでしょう。しかし、もともとは「しずく。したたり。特に、あまだれ」（同前）が「テンテキ（点滴）」だったのです。

〈雨垂れ〉を語義とする漢語「テンテキ（点滴）」があり、雨垂れのように栄養分を補給する「テンテキチュウシャ（点滴注射）」があり、それが省略されて「テンテキ（点滴）」となり、もともとの〈雨垂れ〉という語義では使われなくなって、多くの人が、「テンテキ」といえば「ああ、あれね」ということになったのです。

「雨垂れ石を穿つ」「点滴石を穿つ」ということわざがあります。「テンテキ」の語義が

「点滴注射」に限定されてくると、このことわざも理解しにくくなってきます。中国の『漢書』（枚乗《ばいじょう》伝）には「泰山之霤穿石」（泰山の霤、石を穿つ＝泰山の雨垂れは石に穴をあける）という表現があります。これが「雨垂れ（点滴）石を穿つ」のもとだと考えられています。一方、英語にも「Constant dropping wears away the stone.」という表現があります。

一つの「ことわざ」にもこのような歴史やひろがりがあります。歴史は時間、ひろがりは空間です。具体的な「今、ここ」が大事なことはいうまでもありません。しかし、時間的、空間的にひろく目を配ることによって「今、ここ」はさらに充実したものになることがあります。

「教養」もいろいろなとらえかたがあるでしょう。本書では、「今、ここ」の日本語に至るまでに日本語がどのような経緯をたどったのか、という日本語の歴史について多く触れています。また、いろいろな時期にいろいろな日本語があった、ということをできるだけ具体的に紹介するように心がけました。

本書では一〇〇の項目をとりあげましたが、九つのジャンルと三回の「コーヒーブレイク」に分け、さまざまな視点から日本語を眺めていただけるようにしました。気になる見出しの項目から読んでいただいてかまいませんし、巻末にはジャンル別の索引を付しましたので、特定のジャンルをまとめて読むこともできます。

100の項目を、「かな／カナの世界」「語の意味とかたち」「表記法あれこれ」「辞書をよむ」「ことばであそぶ」「音に耳をすます」「漢字の事情」「ことわざや四字熟語」「詩のことば」の9つのジャンルに分けました。各項の見出しの下方にジャンル名を記してあります。（途中に3回の「コーヒーブレイク」を設けました。）

また、巻末には、ジャンル別の索引を付しました。

目次

かな／カナの世界①

1　五十音図の謎

「五十音」は、「五十音図」によって小学校一年生で学習しますね。その表には「ん」が含まれています。筆者としては「ん」は含めてほしくないのですが、それはまた別に話題にします。今ここでは「ん」を除いて話を進めましょう。

「五十音」というのだから、「音が五十」であるはずですが、ヤ行には「や・ゆ・よ」、ワ行には「わ・を」しか示されていません。ということは、実際には四十五音しか示されていないことになります。四十五音しか示されていないのに五十音図とはこれいかに？

現代日本語に、ア行下一段活用をする「キコエル（聞こえる）」という語があります。古語では、ヤ行下二段活用をする「キコユ」という語でした。古典文法を思い出していただきたいのですが、ヤ行下二段活用は「エ・エ・ユ・ユル・ユレ・エヨ」と活用します。この語はヤ行に活用しているのだから、「エ・エ・エヨ」の「エ」はヤ行のエでないとおかしいことになりますね。つまりヤ行のエは存在していたのです。しかし、今ヤ行のエにはいわば仮名がありません。なぜないか。答えは「仮名ができあがる前に音がなくなってしまった」からです。何それ？　と思われるかもしれませんが、仮名ができあがったのが、だいたい九世紀末頃で、現在残されている仮名を使って文字化されている文献にはア行のエとヤ行のエとをはっきり区別しているとみなし得るものがないのです。

ではヤ行のイは？　というと、たぶんあったがはっきりしないといえばいいでしょうか。「イルカ」を「ユルカ」と発音する方言があります。『いろは字』と呼ばれている永禄二（一五五九）年に書写された辞書的な書物には「鰻」に「ユルカ」と振仮名が施されています。「鰻」って土用の丑の日に食べるあれじゃない？　ということになって話がややこしいのですが、とにかくこの「ユルカ」は「イルカ」のことと思われます。あるいは現代日本語でも使う「ユルガセ」という語はもともとは「イルカセ」でした。つまり「ユ」と交替する「イ」が存在するのです。子音のない単母音の「イ」、すなわちア行の「イ」と子音がついている「ユ」とは交替しにくいので、この「イ」はヤ行のイであるはずになります。ということでヤ行のイもありそうだということになります。

ではワ行はどうかというと、ワ行のウは存在していた形跡がありません。これは日本語の場合、ア行のウとワ行のウとの発音がほとんどかわらないからだと推測されています。ワ行のヰとヱとは確実にありました。平仮名は「ゐ・ゑ」、片仮名は「ヰ・ヱ」ですが、現在はほとんど使わないから五十音からはずされているのです。ということで、ヤ行のイもあったと考えれば四十九音、ヤ行のイをはずせば四十八音があったことになります。

2　のびたり縮んだり

　奈良時代の日本語では、現在の「アゼ（畔）」は「ア」でした。独立して使われた例は少ないものの、現在の「アシ（足）」「アミ（網）」も「ア」でした。その他に一人称の「ア（我・吾）」もありました。

　ということは、「ア」には少なくとも四つの同音異義語があったということになります。これは当然といえば当然のことで、語はまず一音節語ができ、次には一音節語同士が複合して二音節語ができ、次には三音節語ができ、というように、次第に音の並びが多くなっていくという展開をしたことが推測できます。

　言語が動き出していくところを想像するのは楽しいですが、一音節語でいろいろな語をカバーするとなれば、同音異義語が多くなります。しかし、同音異義語は言語使用上、あまり好ましくないことはわかりますよね。一つの発音に五つも違う語が結びついていたのでは、「ア」っていわれてもどの「ア」？　ということになります。実際は語を一つだけ発音するわけではないので、だいたいはわかるはずですが、それでも同音異義語はあまりないほうがいいはずです。

もともと「ア」であった語が「アゼ」になったり「アシ」になったりということからすると、「ゼ」や「シ」がくっついたことになります。ではこの「ゼ」や「シ」の意味は？ということになりますが、これがよくわかりません。もしかしたら、同音異義語であることを避けるためにくっついたのかもしれません。

さて、筆者はＬＩＮＥというアプリを使って学生や知人とやりとりをすることがあります。ある時、返信に「り」とだけあったことがありました。「り」ってなんだろうと思ってたずねると「リョウカイ（了解）」の「リ」でした。「リョ」もあるようですが、とにかく、略語です。こちらから何か言う。それが前提になって、「リョウカイ（了解）」の意味で「リ」と返信する。究極の略語かもしれません。それでも前提があるから究極の省略が可能になるわけです。

同音異義語を避けるために、語が音節を増やして「のびていく」。簡単な応答のために、語が一音節に省略され「縮んでいく」。手紙の結びに書く「かしこ」「かしく」は〈恐れ多く存じます〉という意味合いで書く、形容詞「カシコシ」の語幹です。「あらあらかしこ」「めでたくかしく」などと書くこともあり、次第に女性が使うようになりました。変幻自在、融通無《ゆうずうむ》碍《げ》の言語、おもしろいですね。

3 闕《かけ》た字の理由《わけ》

表記法あれこれ①

師範学校の地理の授業で使われていた『輿地誌略《よちしりやく》』という本があります。図の八行目の下から二字目をよく見てください。なんか変じゃないですか。少し前から翻字すると次のようになります。漢字字体は現在使っているものに変え、振仮名、句読点を付けておきます。

　国民毎《ごと》ニ数多《あまた》ノ党与《とうよ》ヲ分《わか》チ、互ニ相仇視《あいきゅうし》シテ、殺戮《さつりく》残忍ノ風俗ヲ脱《のが》レズ、非常ノ英雄有リテ、之《これ》ヲ統御《とうぎょ》／スルニ非《あらざ》レバ殆《ほと》ント永久ノ治安ヲ称スル能《あた》ハザルベシ。

優れた英雄がでてきて、国を統御しないと治安が確保できない、というようなことを述べている箇所ですが、今は漢字の字形に注目しましょう。「統御」と翻字しましたが、旁《つく》り「充」の最終画がないようにみえますね。そう、ないのです。『輿地誌略』は整版印刷されています。版木に版下を彫って印刷するのが整版印刷ですが、その時の彫り損ないなんじゃないの、と思われるかもしれません。では、もう一つの図をみてください。

もう一つの図は明治二（一八六九）年に出版された『漢語字類』という辞書です。この辞書は漢語を見出しにし、語義を簡略に説明しています。図の二行目と三行目とに、「統」

政體ハ歴代君主專治ノ王國ナリシガ八十年前ノ大亂ヨリ以来或ハ合衆共治トナリ或ハ帝國トナリ沿革常ナラズ近頃十九年以来拿破崙三世亦帝位ニ昇リ一世ニ雄視スト雖モ今次普《フロシヤ》ト戦争ニ因テ又合衆共治ニ復シ繼テ國内大ニ動亂ス總テ百年以来政制ニ於テハ尚下ノ略史ニ記スルガ如ク概ネ十數年間ノ定制ヲ永續スルヿ能ハズ國民毎ニ數多ノ黨與ヲ分チ互ニ相仇視シテ殺戮残忍ノ風俗ヲ脱レズ非常ノ英雄有リテ之ヲ綏御スルニ非レバ殆ント永久ノ治安ヲ稱スル能ハザルベシ蓋シ先世諸王貴族ト共ニ威權ヲ私シテ久ク民權ヲ抑制セシガ故ニ民心ノ君上ヲ仇視スル風習ヲ養成シ

輿地誌略　巻五

『輿地誌略』（1871 ～ 1880 年）より

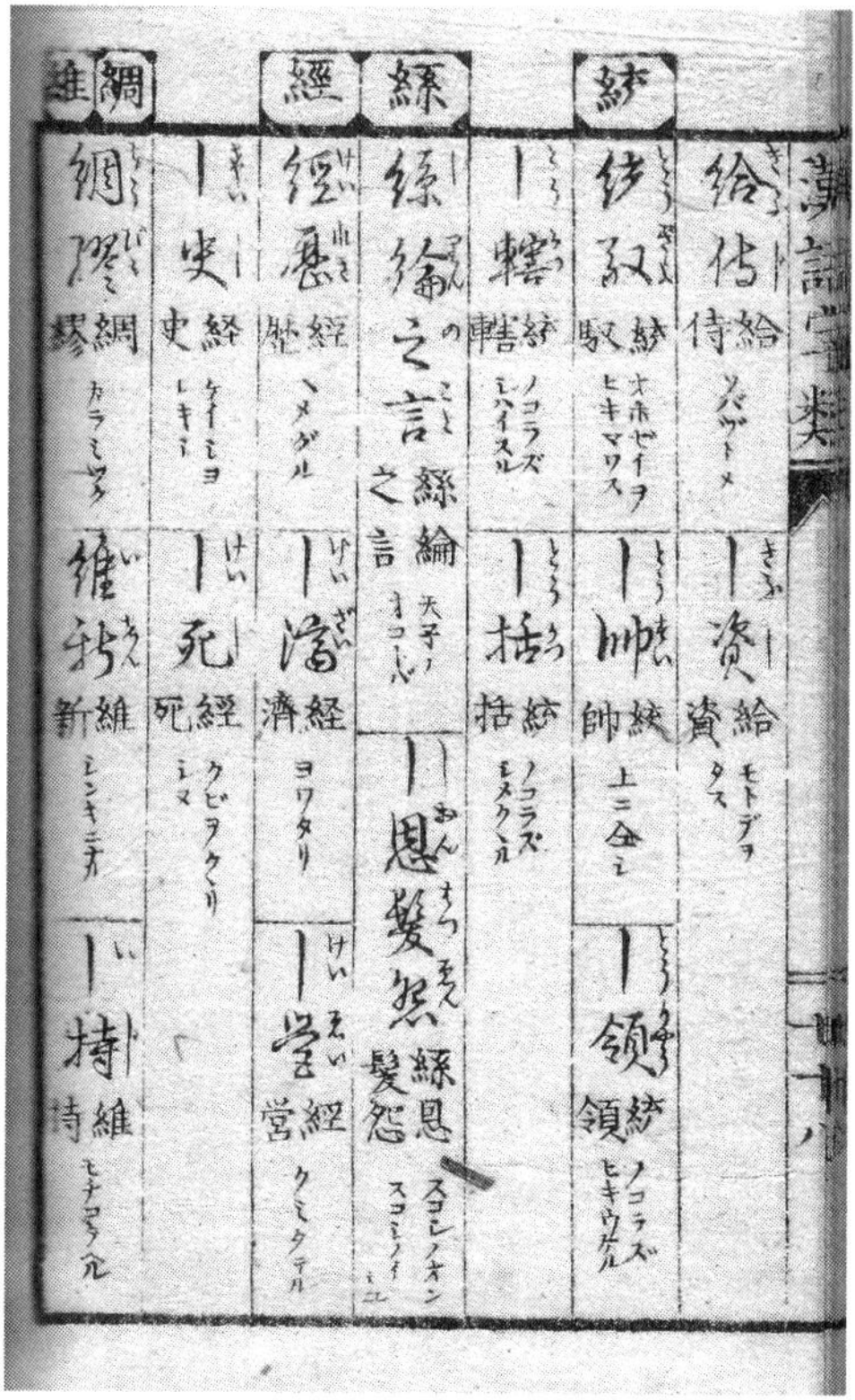

『漢語字類』（1869年）より

から始まる、「統馭」「統帥」「統領」「統轄」「統括」、五つの漢語が並べられています。見出しは行書体をまず示し、その下に楷書体を添えています。「統馭」の「統」、それぞれの見出しに添えられている楷書体の「統」いずれもさきほどの『輿地誌略』と同じように最終画がありませんね。上部に掲げられている「統」も同じです。

目上の者の諱《いみな》（＝死後に付ける尊称）を使うことを避ける「避諱《ひき》」という慣習があります。中国を始めとする漢字文化圏にみられますが、中国であれば皇帝の諱、日本であれば天皇の諱を避けることが多くみられます。

「避諱」には幾つかの方法があります。当該字を使わず、同じような意味をもった別の字に置き換える「改字《かいじ》」、当該字を記さず空欄にする、または「諱」字に置き換える「空字《くうじ》」、そして、当該字の一画（多くは最終画）を記さない「闕画《けつかく》（欠画）」です。

明治初年に、仁孝天皇（恵仁）、孝明天皇（統仁）、明治天皇（睦仁）の諱の内、「恵（惠）」、「統」、「睦」がそれぞれ闕画とされたことがありました。明治五年には廃止されたのですが、明治初年から明治五年頃までに出版された書物には闕画がみられることがあります。その頃出版された書物をみる時は注意してみてください。

4　日本最初の漢和辞書

日本最初の漢和辞書で、実在している『新撰字鏡』を紹介しましょう。『新撰字鏡』は平安時代初期の昌泰年間（八九八〜九〇一）に昌住という僧侶によって編まれたと考えられている辞書です。天治元（一一二四）年に書写されたために現在「天治本」と呼ばれている本が宮内庁書陵部にあります。

江戸時代の国学者、塙保己《はなわほき》一《いち》（一七四六〜一八二一）が古い書物、文献が散逸してしまうことを危惧して、江戸時代初期までに成った文献、一二七六種を収めた『群書類従』を編纂したことは知られていると思います。『群書類従』は寛政五（一七九三）年から文政二（一八一九）年までかかって刊行されています。この『群書類従』の中に、漢字に和訓が配されている見出しのみを抜き出した『新撰字鏡』が収められています。図は「群書類従本」の「足部」の冒頭です。

例えば五行目には「跣」という字があります。「阿／奈於止又波太志」と記されていますね。「天治本」もここの箇所はまったく同じです。「阿奈於止」は「アナオト」、「波太志」は「ハダシ」という日本語＝和語を漢字で書いたものと思われます。「ハダシ」は現

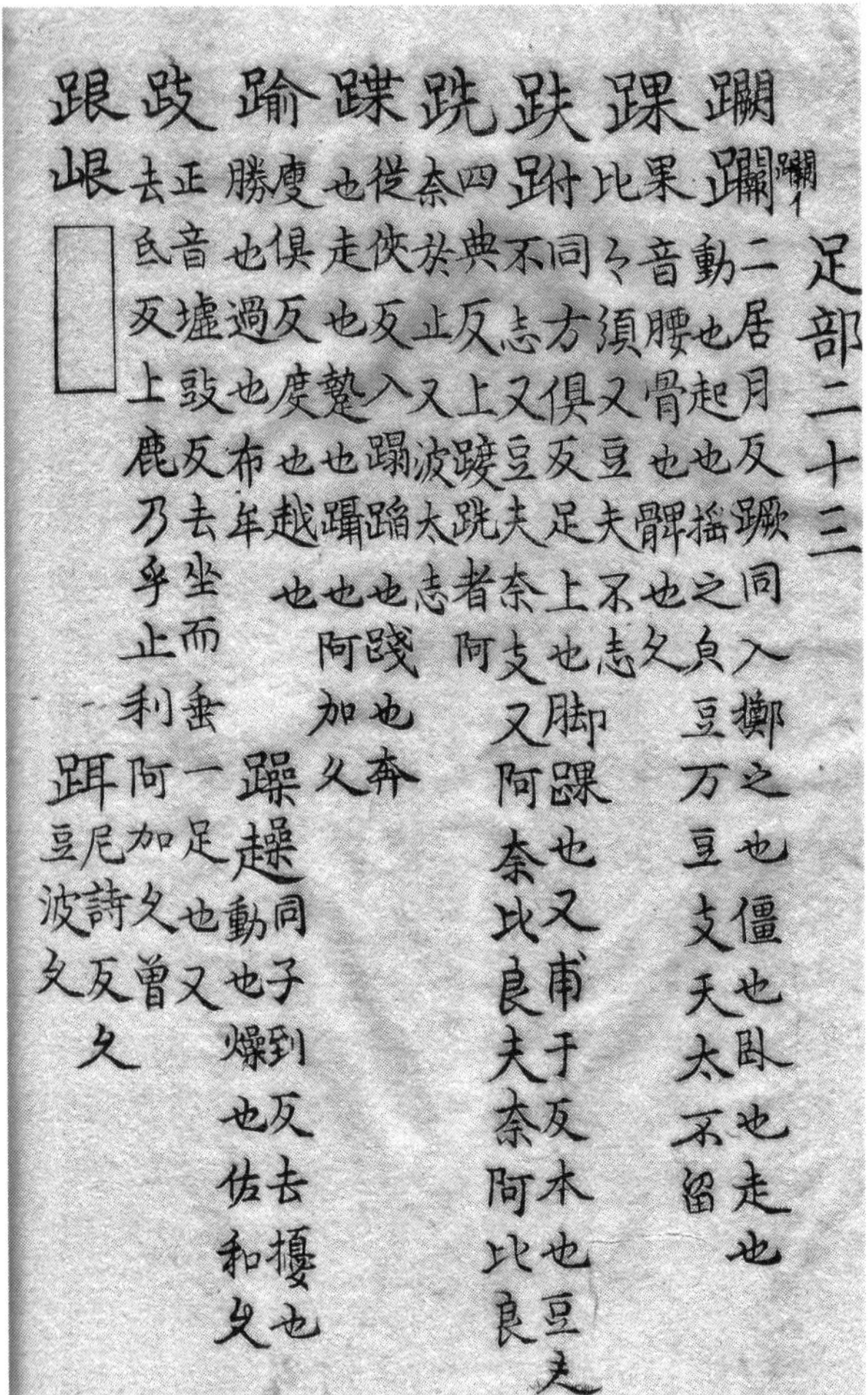

足部二十三

躝 躝 躝イ 二居月反蹶同入擲之也僵也臥也走也 動也起也搖之貞豆万豆支天太不留

踝 果音腰骨也髀也久 比々須又豆夫不志

跌 付同方俱反足上也脚踝也又甫于反本也豆夫 跗不志又豆夫奈支又阿奈比良夫奈阿比良

跣 四典反上蹉跣者阿 奈於止又波太志

蹀 從使反入蹋蹈也踐也奔 也走也蹩也躡也阿加久

踰 麼俱反度也越也 勝也過也布年

躁 趮 同子到反去擾也 動也燥也佐和久

跋 正音墟豉反去坐而垂一足也又 去氐反上鹿乃乎止利阿加久曽

跟 峎 □

跙 尼詩反久 豆波久

『新撰字鏡』(『群書類従』[1793～1819年]所収)より

代日本語でも使いますね。「ハダシ」は「裸足」と書くこともありますが、「跣足」と書くこともあります。漢字「跣」と和語「ハダシ」との結びつきは、十世紀初め頃にすでに形成されていたのですね。ちょっと驚き。さて、「アナオト」はあまり聞かない語ですが、こちらは？　と思うと、これは現在ではよくわかっていない語です。〈足の跡〉という意味の「アノアト」が変化した語というみかたもありますが、とにかくよくわかっていない語です。

漢字ばかりで読みにくいな、と思った方もいらっしゃるでしょう。なぜ漢字ばかりで書かれているか。答えは簡単です。仮名がうまれる前につくられた辞書だからです。他にも、七行目の「踰」には最後に「布牟」とあります。これは和語「フム」を漢字で書いたものです。日本語をこのように書く時に使われる漢字を「万葉仮名」と呼ぶことがあります。「万葉仮名」という特殊な仮名があるのではなく、漢字を仮名のように使った時に、その漢字を「万葉仮名」と呼ぶということなのですね。

さて、「跟峎」の下が□になっていますね。これは何かというと、塙保己一がこの『新撰字鏡』を出版するにあたって、もとにしていた本のその箇所が判読できなかったからだと思われます。こういうのもちょっと「かわいい」感じがしますね。

5　江戸の「オソロ」

筆者が〈お揃い〉という意味の「オソロ」という語を耳にしたのはいつ頃だったでしょうか。少なくとも十二、三年以上前だったような気がします。『朝日新聞』の記事に検索をかけてみると、二〇〇二年十月二十日の記事には確実に使われていることがわかります。『三省堂国語辞典』第七版（二〇一四年）は「おそろ」という見出しをたてて、意味を〈おそろい〉と説明しています。「国内最大級のオンライン辞書」を謳う「Weblio辞書」はもう少し詳しく「『お揃い』（おそろい）を略した語で、服装や持ち物が全く同じだったり色・柄が同じだったりするさまを意味する語。『おそろ』は意図して趣向を揃えた場合のような肯定的な意味合いで用いられる。意図せず揃ってしまったという否定的な意味合いでは『かぶる』『かぶった』と表現されることが多い」と説明しています。

さて、『広辞苑』第七版（二〇一八年）で「おそろ」を調べてみると、「（「おそろし」の語幹。安永頃の通人のことば）①恐ろしいこと。黄表紙、高漫斉行脚日記『あれ―のありさまや な』②恐れ入ったこと。浄瑠璃、神霊矢口渡『白紙認め置き水にひたせば皆読める。コリヤ―だ』」と記されています。安永は一七七二年から一七八一年の間の年号です。その

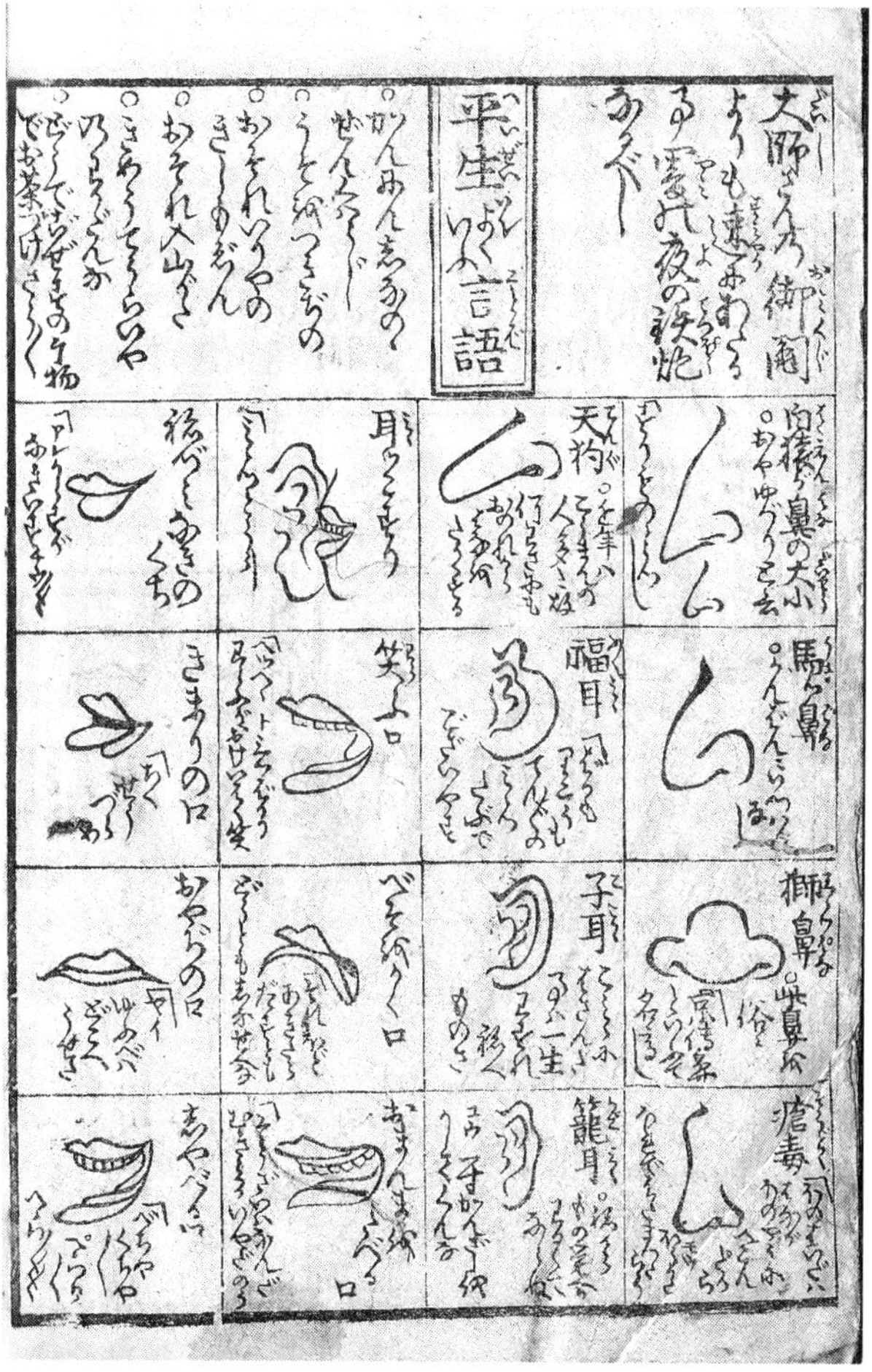

『道化節用小野篤譃字尽』（1806 年）より

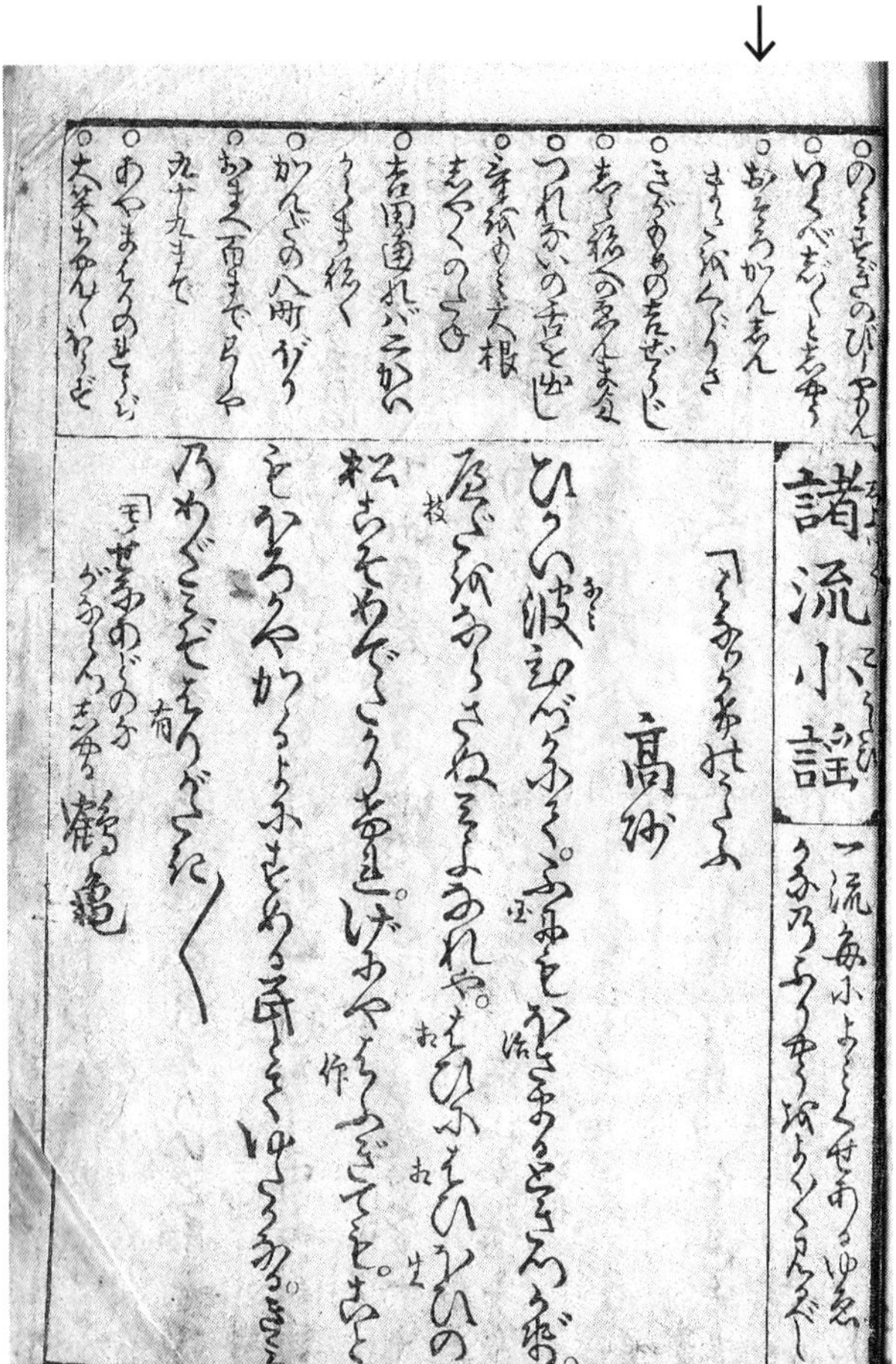

『道化節用小野篤謔字尽』(1806年)より

頃だと「オソロ」は「オソロシイ」ということだったのですね。安永から十年後ぐらいの寛政（一七八九～一八〇一）頃には「オソロ」が〈おそれいった〉という意味でも使われるようになり、その「オソロ」に〈感心した〉という意味の「カンシン」とつけた「オソロカンシン」という表現が使われるようになりました。

一九六頁で小野道風を採りあげますが、小野道風の祖父が小野篁（八〇二～八五三）です。江戸時代には『小野篁《おののたかむら》 歌字尽《うたじづくし》』という漢字学習に使われたと思われる本がひろく読まれました。その『小野篁歌字尽』をもじった『道化節用小野篶《おののばかむら》 譃字尽《うそじづくし》』という本が文化三（一八〇六）年に出版されています。全編が茶化したおしているといってもよいのですが、附録のようなかたちで収められている「平生《へいぜい》ソレよくいふ言語《ことば》」すなわち「いつもよく口にすることば」というところに「おそろかんしんまたをくぐりき」とあります。これは先ほどの「オソロカンシン」の「カンシン（感心）」と「韓信（カンシン）の股くぐり」とをかけた「地口《じぐち》」（＝ごろあわせのしゃれ）です。「韓信の股くぐり」は「青年時代の韓信が、衆人の前で、ならず者の言うままに彼の股をくぐるという辱《はずかし》めを甘受した故事」（『広辞苑』）です。韓信は中国の前漢の武将です。「しゃれ」を理解して「くすっと笑う」ためには、それなりに「背景」を知っている必要もありそうです。広い意味合いでの「教養」がないと「しゃれがわからない」ということになるのでしょうか。

6 夜は明けているのか、いないのか

春になってなんだか眠いなあと思っている頃に「春眠、暁《あかつき》を覚えず」という句が使われることがあります。ことわざのように感じている方もいるかもしれませんが、唐の詩人孟《もう》浩然《こうねん》（六八九〜七四〇）の「春暁《しゅんぎょう》」という題の五言絶句の第一句をよみくだしたものです。詩全体をあげてみましょう。第四句＝結句はいろいろなよみかたがあります。〈花はどのくらい散ったのかしら〉ぐらいの意味です。

春暁

春眠不覚暁　春眠　暁を覚えず
処処聞啼鳥　処処　啼鳥を聞く
夜来風雨声　夜来　風雨の声
花落知多少　花落つること　知らん多少なるを

詩の題は「春暁」、春のあかつきです。『万葉集』には「アカツキ」ではなく「アカトキ」という語が使われています。「アカトキ」の「アカ」は〈明るい〉という意味で、「トキ」はもちろん〈時〉です。「アカトキ」がいつ頃の時間帯の呼び名であったかについて

は、幾つかの考え方がありますが、夜明け前のまだ暗いうちであったと考えられています。「アカトキ」が母音交替をして平安時代頃からは「アカツキ」という語形に変わります。『広辞苑』は「①夜を三つに分けた第三番目。宵・夜中に続く。現在では、やや明るくなってからを指すが、古くは、暗いうち、夜が明けようとする時。よあけ。あけがた」「②ある事柄が実現したその時」と意味を二つに分けて説明しています。説明にあるように、現代日本語では明るくなってからが「アカツキ」ですね。夜が明ける直前の頃をあらわす「シノノメ」、空が薄明るくなる頃をあらわす「アケボノ」など、いろいろな語があります。

さて、漢字「暁」の意味はどうでしょう。例えば「ツウギョウ（通暁）」という漢語があります。〈夜を通して暁に至ること〉つまり〈徹夜〉という意味ですが、〈くわしく知りさとること〉という意味でも使われます。「暁」は名前では「サトル」「アキラ」などにあてられることがあります。明らかにすることができる、悟る、ということですから、「暁」は〈明るい〉ということになります。明るくなったのにも気づかずにねている、が「春眠暁を覚えず」ですね。これは『万葉集』の「アカトキ」とは違う時間帯ということになります。

7　母はかつてパパだった?

永正十三（一五一六）年に書かれた『なぞだて』というタイトルの本があります。タイトルからわかるように、いわゆる謎々の本で、この本には一九四の謎々が収められています。その中に「母には二度会いたれども父には一度も会わず」という謎があり、答えとして「くちびる」とあります。「〜とかけて、くちびると解く。その心は？」という形式の謎々ですが、おわかりになるでしょうか。

「オーバーシュート」なら1、「ソーシャルディスタンス」なら0、「布マスク」なら1、と同じ原理です。そう、発音する時に唇が合わさる回数をあらわしているのですね。「チチ（父）」が0はいいが、「ハハ（母）」も0じゃない？　と思われたかもしれません。現代日本語の発音ではそうですが、十六世紀以前はそうではなかったのです。

ではどういう発音だったかということを「可能性」の側から考えてみましょう。「ババ」2ですね。「パパ」2ですね。その他にあるのか、と思われたかもしれませんが、それがあります。「ファファ」「ファワ」はどうでしょうか。唇が二度合わさりますね。「ファワ」の「ワ」は完全に合わさったわけではないですが、限りなく接近しているので、合わさっているとみることにしましょう。『なぞだて』が書かれた頃には、「ハハ（母）」の実際の発音は「ファファ」または「ファワ」だったと考えられています。これは「ハ」だけの話ではなくて、ハ行の子音がすべてそういう発音だったと思われます。ということは、ハ行は「ファ・フィ・フ・フェ・フォ」だったということです。現在の日本語では「フ」だけが発音の時に唇が合わさっていることに気づくでしょうか。他の「ハ・ヒ・ヘ・ホ」では唇が合わさっていませんね。ということは使っている子音が異なるということで、現在の日本語の「フ」の子音で、かつてはハ行全部が発音されていたということです。歌舞伎や人形浄瑠璃で「ハワ様」という言い方を聞いたことがある方がいるのではないでしょうか。これは「ファワ」のかたちにちかいですね。

さて、ここからは推測の話になります。過去の日本語の発音がどうであったかという推測は文献に文字で残された日本語から推測するのが一つの方法で、もう一つ、現代の方言から推測するという方法があります。『万葉集』や『古事記』『日本書紀』は八世紀頃の日本語によって書かれているので、その頃の日本語は文献から推測できます。そうした文献がなかった頃に、日本語のハ行音は［p］だったのではないかという有名な論文がありますす。そうだったとすると……「ハハ」はずっとずっと以前には「パパ」だった、ということになります。

8　漢字をできるだけ遡ると……

まず疑ってみること、情報については遡れるだけ遡ってみること、この二つは大事なことです。では、漢字について考えるにあたって、遡っていくと何に行き着くのでしょうか。

中国古代の伝説上の帝王に、道教の始祖とされる黄帝《こうてい》がいます。この黄帝に、記録や文書作成を担当する役人である史官として仕えた蒼頡《そうけつ》（倉頡）という人物がいて、その蒼頡が鳥獣の足跡を見て、そこから漢字を造ったという話が許慎《きょしん》（五八？〜一四七）の著わした『説文解字《せつもんかいじ》』という書物の「叙」に記されています。後漢の王充《おうじゅう》（二七？〜一〇一？）が著わした『論衡《ろんこう》』には蒼頡は目が四つあって、黄帝の史官となったと記されています。黄帝の史官はいいとして、目が四つある、というあたりから「⁉」となってきます。

文字のようにひろく共有されるようになっているものを誰が造ったか、という問は、問自体に無理があるともいえます。しかもそれが「文字」ということになれば、誰が造ったか、ということをその文字によって記録しなければなりません。今ここでは中国における漢字について話題にしていますが、同じような理由で、「仮名（平仮名・片仮名）」は誰が造ったか、という問は問そのものが成立しないだろうと思います。

さて、許慎が著わした『説文解字』は漢字について考える場合のよりどころとして、長く尊重されてきました。しかし、許慎が観察対象としていたのは、秦の時代に使われていた「篆文＝篆書」（小篆）でした。篆書ができあがる前には、甲骨文字、金石文に使われていた文字がありました。そうした文字についての観察が『説文解字』にはないのです。ただし、そうであっても、甲骨文字、金石文の文字のかたちと篆書のかたちとがあまり変わらない場合も少なくないので、『説文解字』の重要性は変わらないともいえます。

小型の漢和辞典でも、甲骨文字、金石文、篆文をきちんと示していることが多いので、「どれどれ」と思って、甲骨文字をみてみるのも楽しいと思います。例えば「又」という字の甲骨文字はヌですが、これは指を出している右手の形で、〈右〉という意味をもつ最初の漢字だといわれています。この〈右〉という意味のヌに、後に神への祝詞を入れる器をあらわす「口」が加わって、「右」という形になったと考えられています。「友」は甲骨文字や金文、篆文のかたちをみると、「又」が二つであることがわかります。右手と右手とが組み合わさることによって〈手を取り合って助け合う〉という意味になります。甲骨文字や金文、篆文は、漢字を「よむ」きっかけになります。

9 似たことわざの違いを楽しむ

推理作家で、日本のSF小説の始祖と言われることもある、海野十三《うんのじゅうざ》（一八九七〜一九四九）の「火星兵団」という作品に次のようなくだりがあります。

一般の人々にとっては、まさに寝耳に水をつぎこまれたような大きな驚きであった。

地球が、近く崩壊するのだ！

モロー彗星というやつが、われわれの住んでいる地球にぶつかるのだ！

右には「寝耳に水をつぎこまれたような」とありますが、「寝耳に水」というかたちでも使われる、いわゆる「ことわざ」です。この「寝耳に水」はよく使われることわざの一つといっていいでしょう。そして、このことわざは江戸時代にすでに使われていました。

寝ている時に耳に水が入ったら……びっくりしますよね。実際にはそんなことはないわけですが、実際にあるかどうかではなくて、そういうことがあったらさぞかし驚くだろう、ということです。「寝耳に小判」とか「寝耳へスッポン」という表現もあるようですが、スッポンが入ったら困りますね。いや、大きさからいって入らないか。

さて、「寝耳に水」と似たことわざに「青天の霹靂《へきれき》」があります。「霹靂」は〈かみなり〉という語義の漢語です。英語には「A bolt out of the blue」あるいは「A bolt from the blue」という表現があって、これが「青天の霹靂」とほとんど同じ意味になっています。フランスやイタリア、ロシアにも同じようないいまわしがあります。チベットには「雲一つない空（小鳥の頭ほどの雲もない）に斧のごとく雷が落ちる」といういいまわしがあって、これも同じような表現ですね。

人間の生活はそれぞれの言語文化圏によって、異なります。しかし、人間ですから、共通する面もあるわけです。同じようなことがらを表現するのに、どのような言語表現を使うかということは、その言語によって構築されている文化（あるいは文化の中で使われている言語）によって違う場合もあれば同じ場合もあります。そこが人間の、そして言語のおもしろいところでしょう。同じような意味のことわざを、言語文化圏ごとに見比べてみるのもおもしろいと思います。

10 二つの「おでこ」

東京都台東区竜泉に区立の樋口一葉の記念館があります。龍泉寺町（現在の竜泉）は「たけくらべ」の舞台となった場所です。「たけくらべ」は明治二十八（一八九五）年一月から、二十九年一月にかけて雑誌『文學界』に断続的に掲載され、明治二十九年四月には『文藝倶楽部』第二巻第五編に一括して再掲載されています。樋口一葉といえば、そう、平成十六（二〇〇四）年十一月一日発行分から、日本銀行券の五千円紙幣の表面に肖像画として印刷されていますね。女性としては、明治十四（一八八一）年発行の紙幣に採用された神功皇后以来二人目ということです。樋口一葉は明治五（一八七二）年五月二日に生まれ、明治二十九（一八九六）年十一月二十三日に亡くなっています。

さて、「たけくらべ」には「正太《しょうた》」が「美登利《みどり》」に自分は「奇麗な嫁さんを貰」いたいのだから、「薪やのお出額《でこ》」のようだと「家へは入れて遣《や》らないや」と言う場面があります。ここでは「出額」に「でこ」と振仮名が施されています。この漢字の使い方からすれば、この「おでこ」は〈（普通以上に）出ている額〉という意味とみるのが自然でしょう。

さて、二〇二〇年九月二十九日の『朝日新聞』の記事に「消防団員がガウン、マスク、フェースシールドを着け、受付で参加者に健康チェック表を渡し、おでこに検温器を向けた」とあります。この「おでこ」は〈額〉のことで、「ヒタイ」という語があることからすれば、少しくだけた語、俗語にちかい語といってもいいかもしれません。でも、こちらの「おでこ」は（普通以上に）出ているわけではなさそうです。

どうやら、出ている「おでこ」と出ていない「おでこ」と二つありそうです。慶應三（一八六七）年にアメリカ人のJames Curtis Hepburn（一八一五〜一九一一）が編集して出版した『和英語林集成《わえいごりんしゅうせい》』という和英辞書があります。明治十九（一八八六）年に出版された、その第三版には「ODEKO」（オデコ）という見出しがあって、「A projecting forehead」と意味が説明されています。動詞「project」には〈突き出す〉という意味があるので、ここで説明されているのは、出ている「おでこ」ですね。

明治四十四年に出版されている金沢庄三郎の『辞林』では、俚語（＝俗語・方言）のマークを付けた上で、「額の出でたるものをあざけりいふ語。（東京の俚語）」と説明されています。なかなか、はっきりとした説明ですね。

「検温をするのでおでこをお願いします」と言われても「おでこじゃないやい」などと言わないようにしてくださいね。話がややこしくなります。

11　幻の辞書

日本で最初につくられた辞書は何でしょう？　というクイズにしたいところですが、この「最初につくられた」はなかなか難しいのですね。なぜなら、そのつくられた辞書そのものが残っているか、残っていないのであれば、はっきりとした記録がないとそういうことはいいにくいからです。

「記録」ということからすれば、七二〇年につくられた『日本書紀』の天武天皇十一年三月十三日のところに、天武天皇が坂合部磐積《さかいべのいわつみ》らに『新字』という四十四巻の書物をつくらせたという記事があります。『新字』が辞書であるとは書かれていないのですが、漢字にかかわる辞書であろうと考えられています。「新字」は「ニイナ」と発音するのでしょう。『新字』は『日本書紀』にその名が記されているだけで、書物そのものは残っていません。他の文献に引用されてもいないので、書物の内容はまったくわからないのです。ですから、ここからは想像ということになりますが、「新字」という名前なのだから、新しい字についての情報をまとめたものだろうという想像はできます。漢字には「古字」と呼ばれるものがあります。

漢和辞書を調べてみましょう。『角川新字源』（二〇一七年改訂新版）で「国」を調べると、「国」の他に「國」「囶」「圀」「囯」四つの字が載せられています。このうちの「囶」は「古字」と説明されています。「古字」とは何でしょうか。一般的には〈昔は用いられていたが、今は使われていない文字〉という意味ですが、漢字の場合には〈古代の文字〉という意味で使われることがあります。そういう時には「古文」と呼ぶこともあります。秦によって中国が統一されたのが紀元前二二一年ですが、それより前の時代を秦に先だつ時代ということで、「先秦（時代）」と呼ぶことがあります。先秦時代が「古代」ですが、先秦時代にあった殷王朝の遺跡から甲骨文字（亀甲獣骨文字）が出土しています。この甲骨文字が漢字の原初形態だと考えられています。ですから、現在具体的に確認できる「古字・古文」としては甲骨文字を思い浮かべればいいことになります。漢の時代には「隷書」がひろく使われていましたが、甲骨文字＝古文に対して、隷書を「今文《きんぶん》」と呼ぶことがあります。

『新字』は甲骨文字＝古字・古文とそれに対応する「今文＝新字」とを示した辞書だったのかなあ、などとあれこれと考えるのも楽しいかもしれません。それにしても、どこかに『新字』が残っていればいいのに。

12　表意的、表音的

仮名（平仮名・片仮名）がうまれたのが、九世紀末頃だと考えられています。では、仮名がうまれるまではどうしていたのでしょうか？　漢字を使って日本語を書いていたわけです。七一二年にあらわされた『古事記』も、七二〇年にあらわされた『日本書紀』も、そして『万葉集』も、いずれも漢字を使って書かれています。

漢字を使って書く、ということには「漢文」で書くということも含まれています。『日本書紀』はその大部分が「漢文」で書かれています。「大部分」ということは「漢文」で書かれていない部分がある、ということですが、地名、人名などの固有名詞や歌謡は漢字で書かれていますが、「漢文」ではありません。

例えば、『日本書紀』巻第三、神武天皇の即位前紀に、現在の奈良県宇陀市《うだし》菟田野宇賀《うだのうか》志《し》あたりと考えられている場所を「菟田《うだ》の穿邑《うかちのむら》」と名づけたという記事があります。現在は「ウカシ」と発音している地名はかつては「ウカチ」と発音していたのかもしれません。その「ウカチ」を〈穴を掘る〉という語義をもつ動詞「ウカツ（ウガツ）」と結びつけたのが、「穿邑」という書き方でしょう。そして『日本書紀』には「穿邑、此には于介知能務羅と云う」という注が付けられています。「于介知能務羅」は常用漢字表の音では「ウカチノムラ」とはならないですが、だいたいそのように読めそうですね。

漢字「穿」には中国語においても〈穴を掘る〉というような意味があるので、これは、日本語「ウカツ（ウガツ）」を書くにあたって、中国語でも、〈穴を掘る〉というような意味がある漢字を使ったということになります。そして、こういう書き方が「表意的な書き方」です。一方、「于介知（能務羅）」という書き方においては、「于」「介」「知」一字ずつの意味と日本語「ウカツ（ウガツ）」とは関係がありません。「于」「介」「知」はそれぞれ中国語の発音が日本語「ウ」「カ」「ツ」と結びついているということです。これは漢字の意味をいわば捨てて、漢字の音を使って日本語を書いていることになります。これが「表音的な書き方」です。

漢字を使うのであれば、表意的な書き方をするのが自然ですが、それだけだと中国語と意味が対応しない日本語は漢字で書くことができません。表音的な書き方は、そうした意味の対応がなくても書くことができるということになります。「プー」を漢字で「黄熊」と書くのは表意的な、「アンヌ」を「杏奴」と書くのは表音的な書き方です。ちなみにいえば、「杏奴」は森鷗外の次女の名前です。鷗外先生、ちょっとおしゃれ?

13「春の七草」に歴史あり

今回は「春の七草」を採りあげてみましょう。「ナナクサ」は〈七つの種類〉ということですので、そのことからすれば、「七種」という書き方が自然です。しかし「春の七草」も「秋の七草」も〈七つの種類の草〉なので、「七草」という書き方もされるようになったと思われます。

「春の七草」は「秋の七草」のようにはっきりとした出典がわかっているわけではありませんが、百科事典的な内容をもつ十五世紀半ば頃の書物『壒嚢抄《あいのうしょう》』に「せりなつな五形たひらく仏の座あしなみみなし是や七種」と記されていることがわかっています。ただ、「あしな」と「みみなし」がどのような草であるかがわかりません。室町時代頃に成立したと思われる御伽草子「七草草紙」には現在と同じ七草があげられています。

秋の七草は観賞対象ですが、春の七草は「七草粥」に入れる食材で、「セリ・ナズナ・ゴギョウ・ハコベ・ホトケノザ・スズナ・スズシロ」です。この順番で覚えるので、「七種のはじめの芹ぞめでたけれ」（高野素十）ということになります。

さて、「スズナ」はカブです。「スズシロ」はダイコンです。ちなみにいえば、ダイコンはもともと根が太くて大きいところから「オオネ（大根）」と呼ばれていました。「大根」と書くことが一般化して、音読みした「ダイコン」という語形になったと考えられています。

六日の夜から七日の朝にかけてまな板に七草を置いて、「七草なづな、唐土の鳥が日本の土地へ渡らぬ先に」と唱えながら打ったり、七草の汁に爪を浸して、爪の切り初《ぞ》めをする「七草爪」という風習もありました。

春の七草を植えた「七草籠」もありますが、かつては庭から採っていたと思われます。

七種粥欠けたる草の何何ぞ　鷹羽狩行

七種や似つかぬ草も打まじり　松藤夏山

七種類すべてが自宅の庭では揃わないこともあったし、間違って、七草ではないものを採ってきたりすることもあったようです。現在もそうですが、そのうちに買ってくるようになり、「七種籠柄長く置ける書棚の前」（富安風生）ということになります。春の七草にも長い歴史があり、芭蕉の「四方《よも》に打つ薺《なずな》もしどろもどろかな」や蕪村の「七くさや袴《はかま》の紐《ひも》の片むすび」など、七草にかかわる句もたくさんあります。

14 ゆかいな見立て

からだを使って「命」の字を作るという芸を見た事があるでしょうか。最初見た時はなんだかわからないなと思いましたが、繰り返し見ているうちになんとなくそんな気持ちになったように記憶しています。

さて、図は二十七頁でも紹介した、『道化節用小野䈡譃字尽』の「大篆小篆似字尽《だいてんしょうてんにたじづくし》」の頁です。「大篆」「小篆」は「篆書」ですね。今では（もう廃止されるという話になっている）はんこで見るぐらいでしょうか。左側の頁の最終行の上から二つ目に「命の字」があって、「傘をかぶり子を抱いて扇を持たるながながのろうにん」という説明がついています。「ロウニン（浪人）」は時代劇などでもよく使われる語ですが、江戸時代でいえば、士官をしていない武士、主人持ちでない武士のことをいいました。「ロウシ（浪士）」も同じ意味です。「赤穂浪士」は吉良上野介のために赤穂藩がとりつぶされていたから、「浪士」になっているのですね。理由はともかくとして、仕官をしていない武士が「ロウニン（浪人）」「ロウシ（浪士）」です。仕官をしていないから、サラリーがもらえない。だから、傘を張ったりしてそれを売って暮らす「傘張り浪人」がいる、というわけです。説明が長く

『道化節用小野簒譃字尽』（1806年）より

なりましたが、そういうことです。

その下では、同じ「命」の字が「傘をさしかけたおいらんの道中」に見立てられています。篆書の字形は一つではないので、二つの見立てがあげられているのです。

右頁の最初には「酉」の字がありますが、それが「さとうつぼ（砂糖壺）」に見立てられています。右頁三行目の上から三つ目では「鼎」の字がコップに見立てられています。

「コップ」はいつから使われていた語？ と思うかもしれませんが、江戸時代にはすでに使われていました。同じ右頁の三行目の一番下には「高」の字がありますが、ちゃんと「はしごたか」つまり「髙」が書かれています。こちらの字形でないと「石灯籠」っぽくないですよね。「髙」は高島屋のロゴに使われています。小学校の漢字テストで「髙」を書くと×になるかもしれません。

左頁の一行目に上から四つ目は「私」の字とありますが、これはもちろん「私」の右側ですね。それが握り飯に見立てられています。二行目では、「目」の字が印籠に、「玉」の字がなんと鰻の蒲焼きに見立てられています。三行目の一番下は、「化」の字が「差し向かいの幽霊」に見立てられていて、これは見立てと字とがマッチしています。

漢字の形で遊ぶのもなかなかおもしろいものです。

15　思いがけない外来語

『古事記』上巻に、伊耶那岐命《いざなきのみこと》と伊耶那美命《いざなみのみこと》とをめぐっての話があります。伊耶那岐命は伊耶那美命を追って黄泉国《よもつくに》に行きます。伊耶那美命は伊耶那岐命に「私を見ないでください」と言いますが、伊耶那岐命は見てしまい、伊耶那美命の姿を恐れて黄泉国から逃げ帰ろうとします。伊耶那美命は「私に恥をかかせましたね」と言って、黄泉国の醜女《しこめ》に伊耶那岐命を追跡させます。伊耶那岐命は「黒御蘰《くろきみかづら》」を投げ棄てる。するとそれが「蒲子」になり、醜女がそれを食べている間に、逃げて行く、というくだりがあります。「蒲子」はヤマブドウのことだと考えられています。ヤマブドウを見たことがあるでしょうか。

『和名類聚抄《わみょうるいじゅしょう》』の「草木部葛類」に「紫葛」という漢語の見出しがあって、「本草云紫葛〔和名衣比加豆良〕」と説明されています。それに続いて『文選』蜀都賦の「蒲萄乱漬」という表現が引用されて、「蒲萄衣比加豆良乃美」という説明があります。「衣比加豆良」は「万葉仮名」で、「エビカヅラ」という語を書いたものと思われます。「和名」は日本語では、ということだと考えておくことにしましょう。この「エビカヅラ」がヤマブドウをあらわす語です。

さて、『和名類聚抄』では「蒲萄」と「エビカヅラ」とが結びつけられています。「蒲萄」は「葡萄」と同じだと考えることにしましょう。そう考えると、中国で「葡萄（ブドウ）」と呼んでいる植物と日本で「エビカヅラ」と呼ばれている植物とが（ほぼ）対応するというように理解できますね。ここで話が終わりだと思いがけない外来語という話にはなりません。中国語の「ブドウ（葡萄）」と日本語の「エビカヅラ」とが対応するという話になります。

中国語「ブドウ（葡萄）」にはまだ「前」があったのです。古代ギリシアではワインをつくるためにブドウが栽培されていました。それがヨーロッパにひろまり、さらにシルクロードによって、前漢の武帝の頃には中国に達していたと考えられています。ギリシア語でブドウをあらわす語は「botrus」（ボトルス）ですが、「bot」の部分だけを中国語に音訳したのが「葡萄・蒲萄」だと考えられています。

ブドウは漢字で「葡萄・蒲萄」と書くので、そもそもは中国語＝漢語かな、と思うのは自然な想像ですが、なんとどっこい。もともとはギリシア語で、それが中国で音訳されていたのです。ワインは世界を結ぶ！

16　クツクツボウシ

最近は少し鳴く時期が乱れてきているようですが、かつては八月下旬頃からツクツクボーシというセミが鳴いたものです。タイトルは間違っているのでは？　と思った方がいるかもしれません。

天延二（九七四）年以後に成立したと推測されている、藤原道綱母《ふじわらのみちつなのはは》が著わした『蜻蛉日記』の中に、「さながら八月になりぬ。ついたちの日、雨降り暮らす。時雨だちたるに、未の時ばかりに晴れて、くつくつぼうし、いとかしがましきまで鳴く」（そのまま八月になった。一日の日は雨が一日中降り続く。時雨のような雨で、午後一時から三時ぐらいには晴れて、クツクツボウシがうるさいくらいに鳴く）とあります。

旧暦の八月は秋分を含む月で、新暦でいえば八月下旬から十月上旬頃にあたります。前項でも参照した、承平年間（九三一～九三八）に成立していたと考えられている『和名類聚《わみょうるいじゅ》抄《しょう》』という辞書があります。醍醐天皇の第四皇女勤子内親王の命によって、源順《みなもとのしたがう》が編纂したと考えられています。内親王ですから女性ですが、女性を含めた教養層に対しての漢語理解のための辞書であったと思われます。『和名類聚抄』は見出しとなる語を意義分類しています。現在いうところの昆虫などの名前を収めた「蟲豸《ちゅうち》部蟲豸類」（「蟲」は足のある虫、「豸」は足のない虫）に「蛁蟟（チョウリョウ）」という見出しがあります。「八月鳴者也」という中国の文献の引用も添えられていますが、この漢語に対する「和名」つまり日本語として「久豆久豆保宇之」と記されています。さあ、二十三頁でふれた「万葉仮名」ですが、この「万葉仮名」は「クツクツホウシ」という日本語を書いたものと思われます。

『蜻蛉日記』も『和名類聚抄』も十世紀には成立していたと考えられているので、その頃には現在のツクツクボウシはどうやら「クツクツボウシ」と呼ばれていたようですね。

「ツクツクボウシ」は言うまでもなく、鳴き声に由来する名前ですが、いったん「ツクツクボウシ」という名前を知ってしまうとそれ以外には聞こえないかもしれません。「ツクツクツクツク」と音を並べ、一番目から四番目までをとらえると「ツクツク」となりますが、二番目から五番目までをとらえると「クツクツ」となりますね。連続する音は、どこを聞くか、によって聞こえが変わります。次にこのセミの鳴き声を聞いた時には、「クツクツボーシ」と聞こえるかどうか、試してみるのもおもしろいかもしれません。

17 「ハ」は平仮名です

『源氏物語』の主人公は、といえばいうまでもなく「光源氏」ですね。その「光源氏」の長男が夕霧です。次頁の図は江戸時代に出版された絵入りの『源氏物語』横笛巻のある箇所です。夕霧は柏木遺愛の笛を受け取るのですが、夕霧の夢に柏木が現われます。絵で寝ているのが夕霧、吹きだしのような中にいるのが柏木です。

さて、文章は漢字平仮名交じりで印刷されています。江戸時代の出版ですので、濁点もまずまず使われていますし、句読点も同じ符号ですが、使われています。十六行で印刷されていますが、その十四行目が一字下がっていて、「柏」と書いてあります。柏木の歌ということですね。その歌を「翻字《ほんじ》」してみましょう。

笛竹のふきよる風のことならば／すゑのよながきねにつたへなん

江戸時代ですので、平仮名はいわゆる「変体仮名」で印刷されています。漢字も行書体ですね。その、行書体の漢字、「変体仮名」の平仮名を現在使っている、楷書体の漢字、平仮名に変えることを「翻字」といいます。さて、図の「ことならば」の「ば」をよく見てください。現在使っている片仮名の「バ」のようにみえますね。こういう時に、「バ」

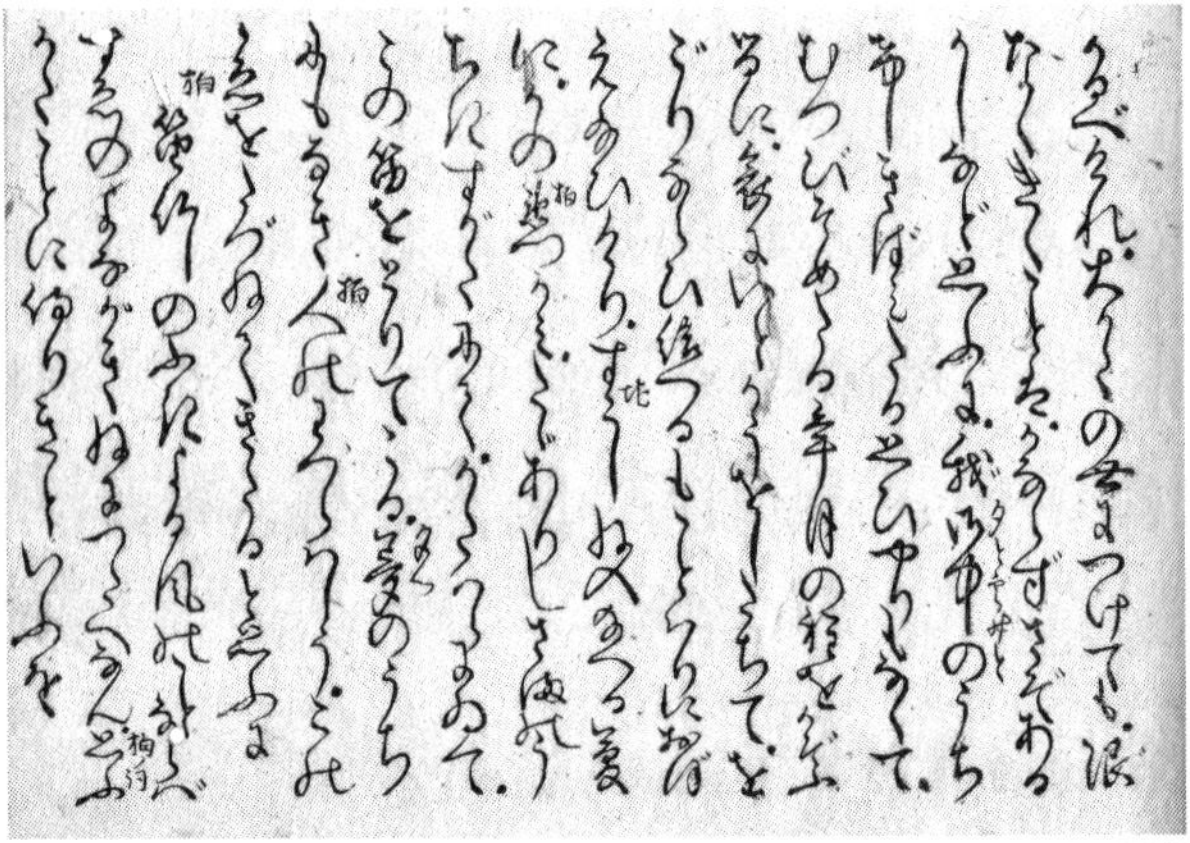

『源氏物語』（江戸期）より

と翻字する人がいます。「人がいます」というよりもそうする人が非常に多く、新聞などでもそうした「翻字」をよくみかけます。しかしここを「ことならバ」と翻字すると、平仮名と片仮名とをまぜて使っていることになってしまいます。さきほど述べたように、この本は漢字平仮名交じりで印刷されているのです。「バ」は現在使っている片仮名と同じ字形なので、現代人には片仮名に見えてしまいますが、これは平仮名として使われているのです。当時使っていた平仮名の「ば」の中に「バ」という形の「変体仮名」があったということなのです。「ハ」も同様で、平仮名の中で使われている「ハ」は平仮名の「は」ですから、翻字をする場合には「は」と翻字すればよく、当時の人の意識も、この「ハ」は平仮名と認識していたはずです。筆者はこのことをいろいろなところで機会があるたびに述べているのですが、あいかわらず片仮名に翻字しているものをみます（笑）。

考えてみればあたりまえのことで、平仮名の中に一字だけ片仮名を使うことはおかしなことです。よく考えればわかるのですが、視覚でとらえるものは、それほど「みえているかたち」にとらわれやすいということです。文字はみえているかたちが大事であることはたしかですが、「情報」をのせて運ぶことがいわば「使命」であり、それが文字の機能、役割です。そのことをつねに考えておく必要があります。

18 神出鬼没の「ノ」

「源義経」「平清盛」をどう発音しますか？　「ミナモトノヨシツネ」「タイラノキヨモリ」と発音する方が多いと思います。「源義経」「平清盛」には「ノ」に対応する漢字がありませんが、「源義経」「平清盛」をどう「よむ」か、ではなく、「ミナモトノヨシツネ」「タイラノキヨモリ」を「源義経」「平清盛」と「書く」と考えるのがよいでしょう。「枕草子」もそうですね。「マクラノソウシ」というまとまった語を漢字で書くと「枕草子」と「書く」ということです。ここまではまあいわば簡単ですね。

このことからすれば、「足利尊氏」「北条貞時」も「アシカガノタカウジ」「ホウジョウノサダトキ」であるはずですが、こちらは現在では「アシカガタカウジ」「ホウジョウサダトキ」が多そうです。「藤原定家」も「フジワラノテイカ」のはずですが、「フジワラテイカ」が主流になっているように思います。

では、「鱈子」はどうでしょうか。「鱈」は日本製漢字＝国字で、しかも最近はあまり使わないかもしれないので、わかりにくいかもしれませんが、「タラ」という魚を書く時に使う漢字ですね。じゃあ簡単、「タラコ」だ。そうなんですが、実はかつては「タラノコ」と言っていたのです。「鱒寿司」も今は「マスズシ」ですが、かつては「マスノスシ」でした。

「源義経」「平清盛」「枕草子」には「ノ」に対応する漢字がないので、漢字側からみると、発音するにあたって「ノ」が出てきたように感じるかもしれません。「タラノコ」「マスノスシ」「アシカガノタカウジ」「ホウジョウノサダトキ」を書いていた「鱈子」「鱒寿司」「足利尊氏」「北条貞時」は「ノ」に対応する漢字がないために、いつのまにか、発音から「ノ」が消えてしまいました。「ノ」が出たり入ったり、神出鬼没です。

春になってサクラの季節にサクラとともに咲く黄色い花といえば、「ナノハナ」ですね。漢字で書けば「菜の花」と書くのがもっとも自然でしょう。この場合は、「ノ」を仮名で書いて、そこに「ノ」があることをはっきりさせていますね。「菜花」と書いてあっても「ナノハナ」を書いたものであるはずですが、最近は、「ナバナ」があります。これはスーパーなどでみかける食用にするもので、菜の花などのつぼみと花茎、若葉を指していると思われます。「ナノハナ」であれば花、「ナバナ」であれば食用と、「ノ」の有無で語が変わる。これもおもしろい現象ですね。

19 英語と日本語が出会う場所

明治維新の六年前にあたる文久二（一八六二）年に日本で最初の「官版」（＝政府の出版する書物）英和辞書『英和《えいわ》対訳《たいやく》袖珍《しゅうちん》辞書《じしょ》』が出版されています。「袖珍」とは〈袖に入るくらいの小型のもの〉という意味で、現在いうところの「ポケット版」ですが、二十一×十四センチメートルで厚さは八センチもあるので、袖には入りそうもないですね。

この辞書は初版の出版以降、慶應二（一八六六）年には再版一刷、慶應三（一八六七）年には再版三刷、明治二（一八六九）年には第三版にあたる『改正増補和訳英辞書』（通称薩摩辞書）が出版されています。それだけ需要があったということでしょう。

図は慶應三年に出版された再版三刷の一〇六丁《ちょう》の表の右側部分です。丁は和装本の表裏二頁をひとまとまりとして数える単位ですが、この辞書は和紙に印刷されています。英語が金属活字で右横書き（右方向に進む横書き）で印刷され、日本語は整版印刷で横転縦書きされています。この紙面では横書きされた英語と横転縦書きされた日本語がいわば「同居」していますが、これが「英語と日本語とが出会った」ということだともいえるでしょう。

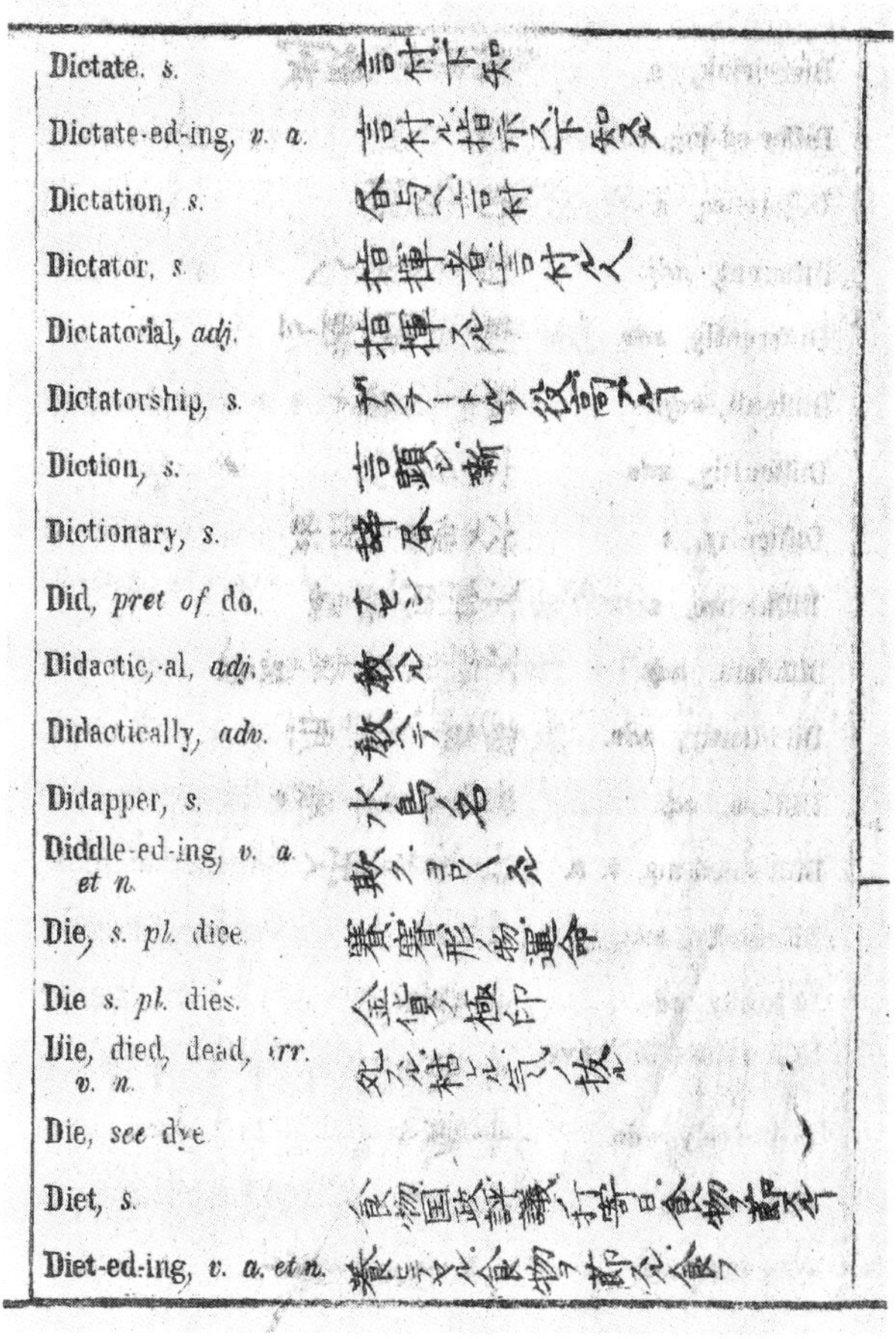

Dictate. *s.*	言付下知
Dictate-ed-ing, *v. a.*	言付ル指示ス下知ス
Dictation, *s.*	含与ヘ言付
Dictator, *s.*	指揮者言付ル人
Dictatorial, *adj.*	指揮スル
Dictatorship, *s.*	デクテートルノ役司スルヿ
Diction, *s.*	言顕シ趣
Dictionary, *s.*	辞書
Did, *pret of* do.	ナセシ
Didactic,-al, *adj.*	教ユル
Didactically, *adv.*	教ヘテ
Didapper, *s.*	水鳥ノ名
Diddle-ed-ing, *v. a. et n.*	欺クヿヲスル
Die, *s. pl.* dice.	賽賽形ノ物運命
Die *s. pl.* dies.	金貨ノ極印
Die, died, dead, *irr. v. n.*	死ヌル枯ル気ノ抜ル
Die, *see* dye.	
Diet, *s.*	食物国政評議ヲ打寄日食物ヲ節スルヿ
Diet-ed-ing, *v. a. et n.*	養ヒテヤル食物ヲ節スル食フ

『英和対訳袖珍辞書』(再版三刷、1867 年)より

図の八番目の見出しが「Dictionary」です。「辞書」と訳されていますが、「書」にあたるところに「昼」のようなみなれない字が印刷されています。これは「書」の異体字です。最近は英語に関して四技能ということがよく話題になりますが、英語を聞いて文字化する「ディクテーション」というトレーニングがあります。三番目の見出しが「Dictation」ですが、「書与《かきあた》へ」「言付《いいつけ》」と訳されています。四番目の見出し「Dictator」は「指揮者、言付ル人」と訳されています。「指揮者」は現在では、合奏や合唱の指揮をする人、すなわち「コンダクター」の意味で使われることが多いと思いますが、もともとは〈指揮をする人・指図をする人〉という意味です。「Dictator」を現在出版されている英和辞書で調べると「独裁者」と訳されていることが多いでしょう。

図の後ろから二番目には「Diet」という見出しがあって、「食物、国政、評議ノ打寄日、食物ヲ節スルコト」と訳されています。「コト」には合字「ヿ」が使われています。現在「ダイエット」といえば、もっぱら「食物ヲ節スルコト」という意味で使われていますが、かつてのデンマーク、スウェーデン、ハンガリー、プロイセンなどの地方議会も「Diet」なんですね。

英語がどう訳されているか、訳語に使われている日本語の意味はどうか、などいろいろな気づきを与えてくれます。

20　俳句の中のオノマトペ

松尾芭蕉一門＝蕉門の代表的な撰集《せんしゅう》として、「冬の日」「春の日」「曠野《あら》」「ひさご」「猿蓑《さるみの》」「炭俵《すみだわら》」「続猿蓑《ぞくさるみの》」の七部十二冊を合せた『俳諧七部集《しちぶしゅう》』という書物があります。享保十七（一七三二）年頃に成立したと考えられていて、印刷出版され、よく読まれたことがわかっています。

芭蕉は晩年に、日常的な題材の中に新しい美を見つけ、それを平淡にさらりと表現する「かるみ」と呼ばれる境地に達したといわれています。「炭俵」は「かるみ」の趣きをもつ作品が収められていると評価されていますが、その「炭俵」の冒頭に芭蕉の次の句が置かれています。

梅《むめ》が香《か》にのっと日の出る山路《やまじ》かな

梅の花が咲く季節ですから、二月上旬から三月にかけて、ということになるでしょう。冬の夜明け前に、梅の香りが漂う山道を歩いていくと、太陽がのっと現れる。それまでの薄暗かった景色が日の出によって、一転して春めいた景色に変わるというようなことでしょうか。

梅の香りはクールな感じがしますね。爽やかというだけではまだぴったりとこないような、東洋蘭の香りに通じるような、そんな香りです。冬、早朝の時間、梅の香、これらはいわば「寒色の世界」です。それがのっと出て来た朝日によって春めいた「暖色の世界」に変わるといったところでしょうか。「ノット」はそういう感じをうまく表現しているオノマトペだと思います。これも「かるみ」でしょうか。

向井去来の『旅寝論《たびねろん》』という書物の中に、芭蕉の弟子である其角の、芭蕉の「ノット」は誠の「ノット」だが、門人の「キット」や「スット」は「キット」も「スット」もしないでだめだ、ということばが記されています。芭蕉が「ノット」というちょっとユニークなオノマトペを使ったので、弟子の間で「キット」や「スット」を使った句づくりがはやったのでしょうか。ためしに、右の句にそれらを入れてみましょうか。

　梅が香にキット日の出る山路かな
　梅が香にスット日の出る山路かな

いくらなんでも師匠の句をこんな風にパクった句を弟子がつくることはないでしょうが、やっぱり「のっと」で決まりですね。

21 キュウリとコショウ

語の意味とかたち④

夏野菜というと、何を思い浮かべるでしょうか。トマト、ナス、そうそうキュウリもありますね。キュウリはこのように片仮名で書くことが多いですが、漢字では「胡瓜」と書きます。「胡瓜」の下には「瓜」の字があります。「キュウリ」は和語、漢語、外来語のどれなんでしょうか。

「キュウリ」は、おそらくは室町時代ぐらいまでは「キウリ」と発音していたと思われます。れっきとした和語です。「キ」［ki］と「ウ」［u］とがつながると、母音の［i］と［u］とが連続します。日本語はどうもこの「母音連続」があまり好きでない言語のようです。それで、母音が連続することを避けて拗音「キュ」になったと思われます。ここまでは日本語が「キウリ」から「キュウリ」と発音を変えたという話です。

キュウリの原産地は東インドだと考えられていて、古くから世界各地で栽培されていたことがわかっています。紀元前十世紀頃には西アジアに定着したと考えられています。中国には、漢の頃に、張騫《ちょうけん》が西域からシルクロード経由で持ち込んだと伝えられています。漢字「胡」は中国北方または西方の異民族の総称として使われました。「胡姫《こき》」であれば、唐の時代に都の長安で、西域の人が開いた酒場で働いていた西域出身の女性のことを指しますし、「胡《こ》角《かく》」であれば、北方民族の吹く角笛のことです。「胡瓜（コカ）」は西域から伝わって来た「瓜《うり》」ということだったんですね。

平城宮の跡からはキュウリの種が出土しているので、日本へは十世紀以前に中国南部の華南型が伝来していたと考えられています。明治以降に、中国北部の華北型のキュウリが日本に伝えられ、各地に広まったとのことです。「キュウリ」と「胡瓜」との結びつきは十二世紀には成立していたと考えられている『色葉《いろは》字類抄《じるいしょう》』という辞書によって確認できます。

さて、コショウ（Pepper）ですが、こちらも南インド原産で、中央アジア経由で中国にもたらされ、「胡」＝西域の「山椒」という意味合いで「胡椒」と呼ばれるようになったと考えられています。日本に伝来した当初は、薬だったようです。

江戸時代につくられた、方言辞書『物類称呼《ぶつるいしょうこ》』には唐辛子を西国と仙台では「コショウ」と呼んでいるということが記されています。現在でも、九州や山陰地方では、唐辛子のことを「コショウ」と呼ぶ地域があります。九州の名物「柚子《ゆず》胡椒《こしょう》」に入っているのは……コショウではなく、唐辛子とユズですね。

22　文豪たちのペンネームはどこから？

夏目漱石（一八六七～一九一六）の本名が夏目金之助であることはご存じの方もいらっしゃるでしょう。「漱石」は筆名＝ペンネームですが、唐代の『晋書』の中にある話からとったものです。ほんとうは「枕石漱流」（石を枕にし、流れで漱《くちすす》ぐ）というところを間違って「漱石枕流」（石に漱ぎ流れに枕す）と言ってしまったが、それを指摘されても直そうとしなかったことから、負けず嫌いの偏屈者を指すことばとして「漱石枕流」が使われるようになりました。

二葉亭四迷（一八六四～一九〇九）の本名は長谷川辰之助です。「くたばってしめえ」から「二葉亭四迷（ふたばていしめい）」をつけた、ということもよく知られているかもしれません。

『中学世界』という雑誌の第十一巻第十五号（一九〇八年十一月二十日発行）に「文壇諸名家雅号の由来」という記事があります。これは「文壇諸名家」が自身の筆名について由来を説明したものですが、なかなかおもしろいことが記されています。

例えば、俳人、小説家の高浜虚子（一八七四～一九五九）は正岡子規に雅号をつけてくれと頼んだ時に、実名の「清《きよし》」を使って「キョシ（虚子）」としたらどうかといわれて、それを使っていると答えています。

正岡子規の高弟として高浜虚子と並び称された河東碧梧桐《かわひがしへきごとう》（一八七三～一九三七）の本名は秉五郎《へいごろう》で、「ヘイゴロウ」から「ヘキゴトウ」にしたと言われています。もしかして、正岡子規は、こういうことば遊び的なペンネームが好きだったのでしょうか。

小説家、評論家の正宗白鳥（一八七九～一九六二）は、英語の「swan」（白鳥）から思いついたと答えていますが、それに続けて「ハクチョウ」という発音がくしゃみの「ハックショ」と似ているので、「何でこんな馬鹿な号をつけた事かと後悔」していると述べています。白鳥先生、考えすぎかも。

「日本のアンデルセン」と呼ばれることもある小川未明（一八八二～一九六一）の本名は小川健作です。小川未明は『中学世界』に「未明」は坪内逍遙が付けたこと、発音は「ビメイ」が正しいということを述べています。「ゲーテが beauty は twilight にあり」といったことに基づいているのですが、「twilight」は沈もうとする日の光で、「dawn」（未明）は希望の満ちたうす明りだからよい、と坪内逍遙が言ったとのことです。いろいろなペンネームがありますね。

23 猫は「ねうねう」と鳴く？

「拗音」の「拗」には〈ねじれる〉という意味があります。具体的には、現在、小書きにした「ヤ・ユ・ヨ」を添えている「キャ」「シャ」「ニャ」のような音のことを指しますが、その発音がストレートではない感じを与えるので、こういう呼び方がされていると思われています。さて、『源氏物語』若菜下には猫が登場しますが、次のようなくだりがあります。

> ついにこれを尋ね取りて、夜もあたり近く臥せ給う。明けたてば、猫のかしづきをして、撫で養い給う。人げ遠かりし心もいとよく馴れて、ともすれば衣《きぬ》の裾にまつわれ、より臥し睦るるを、まめやかに美しと思う。いといたく眺めて、端近く寄り臥し給えるに、来て、「ねうねう」といとろうたげに鳴けば、かき撫でて、うたても進むかな、とほほえまる。

柏木は、猫を手に入れて、夜も自分の近くにねかせています。夜が明けるとすぐに猫の世話にとりかかり、撫でさすって大事に飼っています。猫ははじめは人見知りしていたのですが、馴れてきて、衣の裾にまつわりついて、甘えるので、柏木も心からかわいいと思っています。柏木が物思いに沈んでいると、猫が「ねうねう」といかにもかわいらしく鳴きます。

「ねうねう」が猫の鳴き声であることは確かですが、猫の鳴き声をどのように聞いて仮名で書いたのでしょうか。そのまま考えれば、「ネウネウ」です。現代は、猫の鳴き声といえば「ニャーニャー」がもっとも一般的でしょうか。江戸時代には現代と同じように「にやあにやあ」あるいは「にやあ」と書いている文献があります。しかしまた、同じ江戸時代に、「にやあん・にやあんにやあん」と書いた文献もあります。「にやご」もあるし、「にやぐ」もあるというように、江戸時代頃には、仮名でさまざまな書き方がされています。

猫の鳴き声は一つだ、と考えれば、これらは書き方が違うだけ、ということになります。しかし、猫もいろいろな鳴き方をしているように思います。それをいろいろな聞き取り方をしたのであれば、何種類かの鳴き方を書いたものということになります。

日本語にかかわることとして気になるのは、『源氏物語』の「ねうねう」が実際には「ニャーニャー」のような拗（長）音をそう書いたのか、それとも拗（長）音ではなく、「ネウネウ」あるいは「ネーネー」のような直音あるいは直（長）音を書いたものかということです。オノマトペなどで拗音は早くから使われていた、というみかたがありますが、そうだとすれば、『源氏物語』の頃にすでに「ニャーニャー」だったことになります。

24　東京語では「高利貸」は「アイス」

辞書をよむ④

団扇を手にした笠智衆と東山千栄子が防波堤にたたずむ、沖の初島がぼおっと浮かぶ、そう小津安二郎の『東京物語』（一九五三年公開）の一場面です。熱海海岸ですね。最近は東京から近い観光地として熱海を訪れる人がまた増えているようですが、熱海といえば、貫一、お宮の『金色夜叉《こんじきやしや》』ですね。尾崎紅葉の『金色夜叉』は明治三十（一八九七）年一月一日から明治三十五（一九〇二）年五月十一日まで、『読売新聞』に連載されましたが、執筆中に尾崎紅葉が死去したために、紅葉の弟子である小栗風葉が明治四十二（一九〇九）年に「終編金色夜叉」を書き継ぎました。『金色夜叉』は、バーサ・M・クレー（Bertha M. Clay：本名Charlotte Mary Brame　一八三六〜一八八四）の『Weaker than a Woman（女より弱き者）』をもとにしていることが最近わかりました。

さて、その『金色夜叉』に次のようなくだりがあります。

「それに就いては小説的の閲歴《ライフ》があるのさ、情夫《いろ》ぢやない、亭主がある、此奴《こいつ》が君、我々の一世紀前《ぜん》に鳴した高利貸《アイス》で、赤樫権三郎《あかがしごんざぶろう》と云つては、いや無法な強慾で、加ふるに大々的婬物《いんぶつ》と来てゐるのだ」

部分的すぎてわかりにくいかもしれませんが、前頁では「高利貸」に「アイス」と振仮名が施されています。「コウリガシ（高利貸）」も現在はあまり使われなくなりましたね。高い利息をとってお金を貸すことです。「コウリガシ」が「氷菓子」でもあるので、「高利貸」のことを「アイス」と呼ぶことがありました。まあしゃれのようなものといってもいいかもしれません。

大正六年には『東京語辞典』が出版されていますが、その中には次のようにあります。

あいす〔高利貸〕高利貸。アイスクリームの訳語氷菓子の音似通うより称す。

あつあつ〔熱熱〕男女間の愛情極めて高潮に達した場合を云う。

あったかい〔暖〕（一）あたたかいの訛。（二）内福なること。

うッてつけ〔打附〕予期せざるものが、偶然にも或る志望に適合したる場合に用いる語。

おあいそ〔お愛想〕料理屋、待合にて出す勘定書。

おじゃん〔終〕（一）事の済み終りたること。（二）転じて物事の中途に挫折したること。

今も使っている語が少なくないですね。

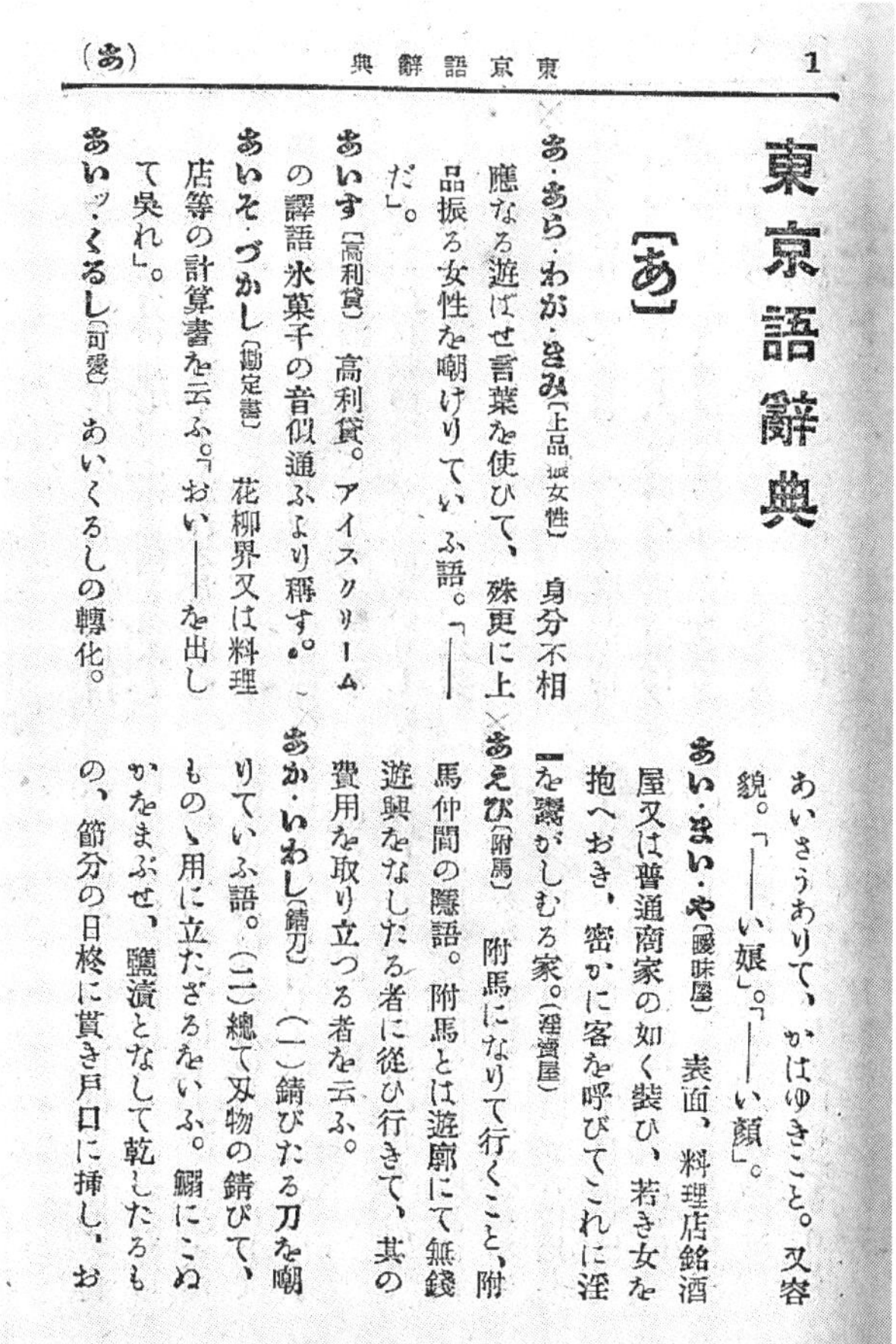
1 東京語辭典 (あ)

東京語辭典

【あ】

あ・あら・わが・きみ（上品振る女性） 身分不相應なる遊ばせ言葉を使ひて、殊更に上品振る女性を嘲けりていふ語。「——だ」。

あいす（高利貸） 高利貸。アイスクリームの譯語氷菓子の音似通ふより稱す。

あいそ・づかし（御定書） 花柳界又は料理店等の計算書を云ふ。「おい——を出して呉れ」。

あいッ・くるし（可愛） あいくるしの轉化。あいさうありて、かはゆきこと。又容貌。「——い娘」。「——い顏」。

あい・まい・や（曖昧屋） 表面、料理店銘酒屋又は普通商家の如く裝ひ、若き女を抱へおき、密かに客を呼びてこれに淫を鬻がしむる家。（淫賣屋）

あえび（附馬） 附馬になりて行くこと、附馬仲間の隱語。附馬とは遊廓にて無錢遊興をなしたる者に從ひ行きて、其の費用を取り立つる者を云ふ。

あか・いわし（錆刀） （一）錆びたる刀を嘲りていふ語。（二）總て刄物の錆びて、ものゝ用に立たざるをいふ。鰯にこぬかをまぶせ、鹽漬となして乾したるもの、節分の日柊に貫き戸口に挿し、お

『東京語辞典』（1917年）より

25　この地名・人名が読めますか？

幕末頃からいわゆる外国との接触、交渉が行なわれるようになっていきます。外国と接触するということは外国語と接触するということです。そうした中で、オランダ語、英語などにふれ、オランダ語と日本語との対訳辞書がつくられ、その「蘭和辞書」を使いながら、英語と日本語との対訳辞書である「英和辞書」がつくられていきます。

オランダ語や英語で書かれた書物の翻訳も盛んになっていきます。当然そうした書物には、外国の地名や人名がでてきます。

一般的に使う語には語の意味、すなわち語義が備わっていますが、地名や人名には語義はありません。日本の地名や人名を考えればわかりますね。「ウエノ（上野）」という地名の語義＝意味は？　とか、「トクガワイエヤス（徳川家康）」という人名の語義＝意味は？と聞かれても困りますよね。語義＝意味がないということになると、「翻訳」ができないことになります。

翻訳はできないので、発音を示すということになります。ということで、幕末から明治期にかけては、漢字を表音的に使って外国の地名や人名をあらわすことが少なからず行なわれていました。今回はそれをクイズにしてみました。

『西国立志編』という書物の名前を聞いたことがあるでしょうか。イギリスのスマイルズの『Self-Help』（「自助論」などと訳されることがあります）を中村正直が翻訳したもので、明治四（一八七一）年に出版されています。その中から、外国の人名・地名をあげてみました。さあ、読んでみてください。（答えは二四五頁）

①舌克斯畢　②阿克来
③士斑牙　④律賓士敦
⑤伯路模非爾徳　⑥戎孫
⑦哥白爾尼加士　⑧亞弗利加
⑨彌爾敦　⑩巴理
⑪立抜普爾　⑫額拉士哥
⑬倍根　⑭亞力山徳里亞
⑮埃及　⑯葸迷士瓦徳
⑰蘭加舎　⑱満遮士打
⑲意太利　⑳牛董

26　一石二鳥とお国柄

時間はお金と同じように貴重なものだから無駄にしてはいけないという意味の「時は金なり」ということわざがありますね。このことわざを知っていて、英語の「Time is money.」を知ると、「おお！　そっくり」と思いますが、なんのことはない、この英語を翻訳したものが「時は金なり」だったのです。

というように、発想が似ているのか、そうではなくて翻訳なのか、というところが大事なのですが、「一石二鳥」も「Kill two birds with one stone.」が翻訳されたものであることがわかっています。「一挙両得」も同じような意味ですが、こちらは六四八年頃に成立した、中国の『晋書』にすでに使われています。

アレクサンドル・デュマの『モンテ・クリスト伯』を黒岩涙香が翻案（＝アレンジしながら翻訳）した『巌窟王』に使われたものが日本での使用としては早いものであることが指摘されています。『巌窟王』は明治三十四（一九〇一）年三月十八日から明治三十五年六月十四日まで、「史外史伝巌窟王」という題名で、『萬朝報《よろづちょうほう》』という新聞に連載され、明治三十八（一九〇五）年には大阪の青木嵩山堂から全四巻で出版されています。

萬朝報日曜附録

三六　一丸《ぐわん》で見事《みごと》二鳥《てう》を

蛭峰検事補に振向いた国王は、猶も急かしげた声で、国王『近う寄れ、近う寄れ。爾して警視総監に、陰謀者の密謀を前以て探知した者のある事を知らせて遣れ』と宣諭うた。爾うか上にも総監を恐しめる御心とは見える。総監は情ない声で 総監『イ、ヱ陰謀者の密謀は到底前以て知る事は出来なんだのです』と弁解した 国王『何だ到底知る事が出来なんだとな、オ、爾であらう、爾であらう、手下に五百人の官吏を使ひ、誰の家にも踏入り謙を執へてゞも詰問し、爾して警吏も探偵吏をも自由に使ひ、一年百五十万円の機密費を消費してゐる其方には到底知る事が出来なんだであらう、能く聞け、却つて此蛭峰の如き熱心の外に何の機関も何の機密費も有つてゐぬ単独の小官吏には其れを知る事が出来た、若し此蛭峰に、汝の如く電信を発する職権があつたならば、今より四日以前、彼れ陰謀者が未だ此国の土を踏まぬ前に朕に知らせて来る事か出来る所で有つたのだ、サア蛭峰、此の警視総監の心得の為に汝の行うた次第を詳しく話して遣れ』

警視総監に取りて是ほどの不面目はないと同時に、蛭峰に取つて又是ほどの面目はない、彼れは心の中で、早遠からず自分が警視総監に取立てられ内閣の一員に列せらるゝ時も来るかと怪しんだ。

職に嬉さは心の中に満溢る程だけれど今此の羽入てゐる警視総監に此の上の不面目を施へる事は蛭峰の好まぬ所である、イヤ好まぬのみではない、実は非常に危険なのだ、此の総監が殺り免職されるのは見え透いてゐるけれど、若し免職され際に、此身へ恨を持つ、事に成つては、或は此身の秘密を探らぬとも分らぬ、若しも恨の余り総監自身が直々に彼の團友太郎を呼び出して詰問する様な事にも成らば、自分の秘密が直ぐ分る、若し友太郎の持つてゐた其手紙を自分の父へ宛た者と有つた事を知られたなら何うだらう、更に手紙を自分が焼捨た事まで知られたら何うだらう、直に総監は此の秘密を発き立てゝ此身へ復讐するに極つてゐる、此身は検事補の職権を濫用した者として職は褫はれ厳罪に罪を糺されるに極つてゐる、何か何でも今茲で此総監の機嫌をも取つて置かねばならぬ。

実に官海を巧に游泳する人の心掛けは又別である、蛭峰は王に向ひ 蛭『イヤ何う致しまして』と云ひ最と謙遜げに辞退した、爾して猶ほ言葉を足し 蛭峰『臣が此事を知つたのは決して臣の手柄ではなく、全く偶然と云ふ者です、総監の云はるゝ通り、全く知ることの出来ぬ事柄が万に一つの僥倖を以て臣の手に落たのに過ぎません』と、短い言葉ではあるけれど、充分に側面から総監を弁護した、総監は有難さに堪へぬ、俯向いた顔から眼だけを挙げて蛭峰に注ぎ暗に感謝の意を通じた。

是で蛭峰は一丸で二鳥を射留めた様な者で有る、国王と警視総監とを同時に手の中に丸めたのだ。

『萬朝報』（1901年）より

図は『萬朝報』の第三十六回（単行本では第一巻の二十にあたります）ですが、タイトルに「一丸で見事二鳥を」とあり、下段の後ろから三行目に「是で蛭峰は一丸で二鳥を射留めた様な者で有る」とあって、これが「一石二鳥」に相当する日本語表現にあたります。他にも、単行本の一六〇では「石一個で鳥二羽を殺し得た様な者である」（第三巻の四十七頁）、一八一では「石一個で鳥二羽を打つた様な者だ」（第三巻一一九頁）とあります。

ラテン語には「一人娘に婿二人を得る」という表現があるとのことですが、これははたして「一石二鳥」と同じ意味なのか、と思ったりもします。ややこしくないでしょうか。オランダやハンガリーには、「一撃で蠅を二匹うつ」、イタリアには「一粒の豆で二羽の鳩をとらえる」、ロシアには「一撃で二羽の兎をたおす」、台湾には「アサリ採りとズボン洗いを兼ねる」（摸蛤仔兼洗褌）や「一つの餌で魚二匹」（一餌釣双魚）という表現があるようです。

何を二つ得るのか、というところにお国柄、つまり言語文化があらわれているようでおもしろいですね。

27 いろいろな書き方が混在した頃

「縦書き」「横書き」は、説明されなくてもわかるよ、と思われるでしょう。しかしきちんと説明しようとすると、なかなか難しいものです。まず文字について整理しておかなければなりません。文字には通常はこう見るという、方向があります。その方向からみた文字を「正立像」と呼ぶことにしましょう。「縦書き」は文字の正立像の垂直方向に文字が並んでいく書き方のことです。となると「横書き」は文字の正立像の水平方向に文字が並ぶ書き方ということになりますね。

これに「行」を合わせてみましょう。右から書き始めて、左方向に行が展開していく縦書きを「右縦書き」と呼んでいます。これは現在の縦書きですね。これに対して、左から書き始めて、右方向に行が展開していく縦書きが「左縦書き」です。

同じように、左から書き始める横書きが「左横書き」で、右から書き始める横書きが「右横書き」です。ちょっとわかりにくいですが、「左縦書き」とか「右横書き」とかの「左・右」は書き始めの位置を示しています。

さて、図の右端には「明治十八年三月三十一日版権免許仝年四月出版」と記されていま

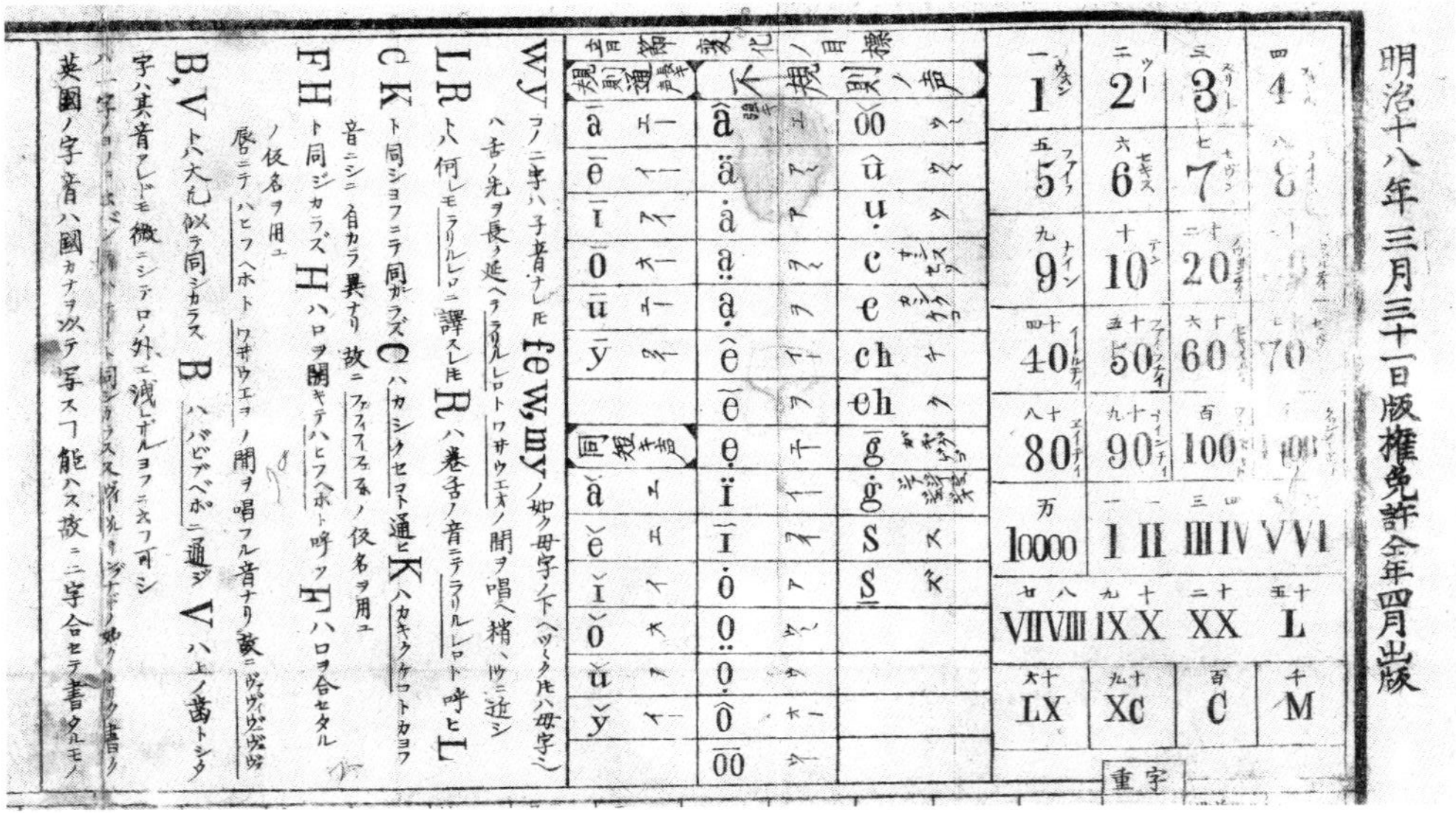
明治十八年三月三十一日版權免許
仝年四月出版

一 1 ワン	二 2 ツー	三 3 スリー	四 4
五 5 ファイフ	六 6 セキス	七 7 セヴン	八 8
九 9 ナイン	十 10 テン	二十 20	30
四十 40	五十 50	六十 60	70
八十 80	九十 90	百 100	1000
万 10000	一 I 二 II	三 III 四 IV	V VI
七 八 VII VIII	九 十 IX X	二十 XX	五十 L
六十 LX	九十 XC	百 C	千 M

重字

音節變化ノ目標

規則通声(長キ)		不規則ノ声			
ā	エー	â	エ	ôô	ウ
ē	イー	ä	ア	û	ウ
ī	アイ	à	ア	ụ	ウ
ō	オー	ȧ	ア	ç	
ū	ユー	ạ	ア	ɛ	
ȳ	アイ	ê	イー	ch	チ
		ẽ	ア	ɛh	ク
同短キ声		e̤	イ	ḡ	
ă	ア	ï	イー	ġ	
ĕ	エ	ī	アイ	ṡ	ス
ĭ	イ	ȯ	ア	s̱	ズ
ŏ	オ	ö			
ŭ	ア	ȯ			
y̆	イ	ô	オー		
		ôô	ウ		

WY ハ二字ハ子音ナレ𪜈 few, my ノ如ク母字ノ下ヘツクモノハ母字ニ

ハ舌ノ先ヲ長ク延ヘテラリルレロトワヰウヱオノ間ヲ唱ヘ稍ヽウニ近シ

LR ハ何レモラリルレロニ譯スレ𪜈 R ハ巻舌ノ音ニテラリルレロト呼ヒ L

CK ハ同ジヨフニテ同ジカラズ C ハカシクセコト通ヒ K ハカキクケコトカヨフ

音ニシテ自カラ異ナリ故ニファフィフゥフェフォノ仮名ヲ用ユ

FH ハ同ジカラズ H ハロヲ開キテハヒフヘホト呼ブ F ハロヲ合セタル

ノ仮名ヲ用ユ

唇ニテハヒフヘホトワヰウヱヲノ間ヲ唱フル音ナリ故ニヴァヴィヴゥヴェヴォ

B,V ハ大ニ似テ同シカラス B ハバビブベボニ通ジ V ハ上ノ歯ト下タ

字ハ其音アレドモ微ニシテ口ノ外ヘ洩レザルヨフニスルコト可シ

ハ一字ノ[illegible]同シカラス又[illegible]ノ如ク[illegible]書ク

英國ノ字音ハ國カナヲ以テ写スコト能ハス故ニ二字合セテ書タルモノ

「英学綴字法」(1885年)より

す。「仝」は「同」の異体字です。図は縦三十五センチ、横五十センチの一枚の紙に刷られているものの一部分です。図には入っていないのですが、この一枚刷りの左端に「谷俊三編／英學綴字法」とあり、アルファベットや数字の書き方などを簡略に説明しているものです。図の左端には「英国ノ字音ハ国カナヲ以テ写スヿ《こと》能《あた》ハス故ニ二字合セテ書タルモノ／ハ一字ノヨフニ云ベシティハテイト同シカラス又ヴィーソルチングナドノ如ク小サク書ク／字ハ其音アレドモ微《わずか》ニシテ口ノ外エ洩《も》レザルヨフニ云フ可《べ》シ」と書かれていますが、これが「左縦書き」ですね。「国カナ」は「クニカナ」でしょうか。〈日本の仮名〉という意味で使っているようです。だとすると『日本国語大辞典』も見出しにしていない語です。

幕末期の「左縦書き」の例はすでに指摘があるので、この明治十八年の「左縦書き」が早い例というわけではありません。しかし、図の中の「音節変化ノ目標」は片仮名を左に九十度横転させた「左横転縦書き」で書かれていますし、ローマ数字の、例えば「L」の上に記されている「五十」は「左横書き」です。先に引用した文章中のアルファベットは右に九十度横転していますし、この一枚の中には、「いろいろな書き方」が混在しています。日本語と英語が出会った時、いろいろなことが起こったと思いますが、この一枚はそういうことを思わせてくれるおもしろいものだと思います。

28　漢字と分けるということ——部首をめぐって

紙に印刷されている漢和辞典で漢字を調べることは少なくなっているかもしれません。現在ではインターネット上に、無料で使える漢和辞典があります。ただし、よくわかっていない漢字を調べるのは案外と難しい面があります。そもそも、何かがわかっていないから調べるのですから、わかっている「情報」をたよりにして、わかっていない漢字を探し当てなければなりません。

漢字は「形《けい》・音《おん》・義《ぎ》」を備えているといわれます。「形」は漢字の形＝字形、「音」は漢字の発音、「義」は漢字の意味＝字義です。めあての漢字の「音」または「訓」、すなわち発音がわかっていれば、「音訓索引」から調べることができます。「形」が正確にわかっているのであれば「画数」から探すことができます。ただし、同じ画数の漢字はたくさんあるので、実際に調べるとなると、あまり効率的とはいえません。「形」がはっきりわかっていて、「部首」がわかるのであれば、部首と画数とを組み合わせて調べることができます。そして、多くの漢和辞典は部首別画数順に漢字を配列しています。「形」のみから調べることができるとよさそうですが、これが案外と難しいのですね。中国で考案された

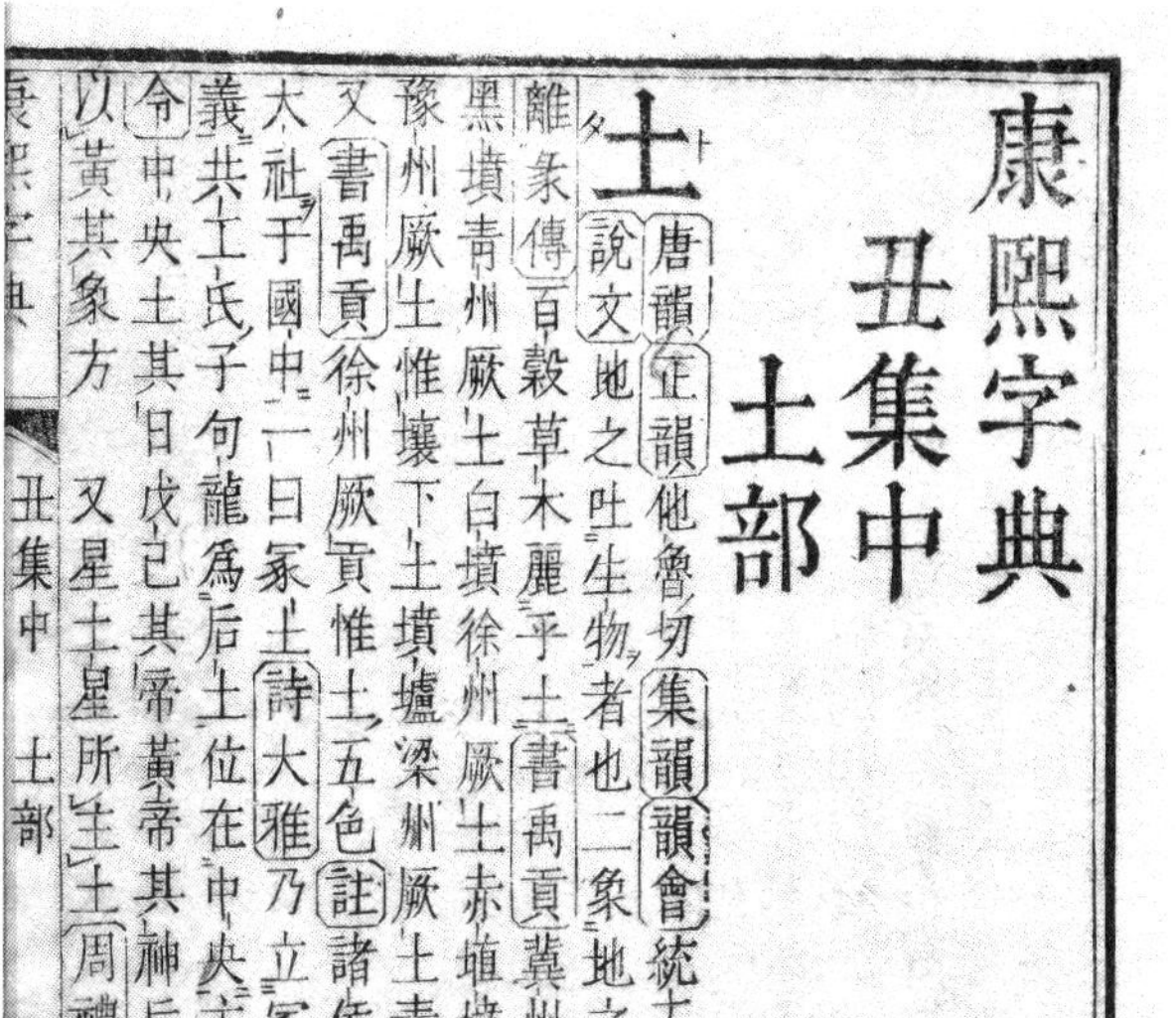
康熙字典
丑集中
土部
土【唐韻】【正韻】他魯切【集韻】【韻會】統五切𡊀吐上聲五行之一【說文】地之吐生物者也二象地之下地之中物出形也【易離象傳】百穀草木麗乎土【書禹貢】冀州厥土惟白壤兗州厥土黑墳青州厥土白墳徐州厥土赤埴墳揚州荆州厥土惟塗泥豫州厥土惟壤下土墳壚梁州厥土青黎雍州厥土惟黃壤　又【書禹貢】徐州厥貢惟土五色【註】諸侯受命各錫以方色土建大社于國中　一曰冢土【詩大雅】乃立冢土　又后土取厚載之義共工氏子句龍爲后土位在中央主於四季各十八日【禮月令】中央土其日戊己其帝黃帝其神后土【周禮冬官考工記】土以黃其象方　又星土星所生土【周禮春官保章氏】以星土辨
康熙字典　丑集中　土部　一

『康熙字典』（1778年）より

「四角号碼《しかくごうま》」は、漢字の四隅の形状を分類して、それに〇から九までの番号を与え最大五桁の数値で漢字を配列する方式です。これは四隅の形状をどう判断するかなので、その判断が難しいのです。

さて、「部首」ですが、現在では、「虹」の部首は？　と質問されたら「虫偏」と答えるでしょう。虫偏とか、雨冠とか、それが部首ですね。しかし、もともとは漢字を「部」に分けて、その「部」の先頭＝首に置かれている字が「部首」の字ということだったのです。三十二頁で紹介した『説文解字』は漢字を五四〇の部に分けています。また、六世紀につくられた『玉篇《ごくへん》《ぎよくへん》』という辞書は五四二の部に分けています。そして、清（一六一六～一九一二）の第四代皇帝である康熙帝の命令によってつくられた『康熙字典《こうきじてん》』は二一四の部を分けています。この『康熙字典』は一七一六年に完成していますが、日本にもすぐに輸入され、安永七（一七七八）年には日本でも印刷出版されています。『康熙字典』は日本の漢和辞典のモデルといってもいいでしょう。

図は安永七年に日本で出版された『康熙字典』の「土部」の冒頭部分です。「土」の字が「土部」の先頭すなわち「部首」に置かれているのがわかりますね。「部首」はもともとは〈部の先頭〉という意味だったのですが、それが次第に〈漢字を字源や意味で分類する場合の基準とする構成部分〉の意味になっていったのです。

29　江戸時代のやわらかな語源説

江戸時代になると、日本語について遡って考えてみようという気運が強くなっていきます。そんな中で日本語の語源についてもさまざまな説が示されています。

今回採りあげるのは、貝原益軒（一六三〇〜一七一四）があらわして、元禄十三（一七〇〇）年に出版した『日本釈名《にほんしゃくみょう》』（全三巻）です。貝原益軒は『大和本草《やまとほんぞう》』『養生訓《ようじょうくん》』などの書物もあらわしています。中国、後漢の時代の劉熙《りゅうき》があらわした『釈名』にならったものです。『釈名』は語を二十七に分類して、それぞれの語の意味などを説明しています。『日本釈名』は和語を二十三項目に分類して、この時期としては珍しく、五十音順に配列し、語源を解説したものです。句読点を補って引用します。

ではまず「ネコ（猫）」です。「ねはねずみ也。こはこのむ也。ねずみをこのむけもの也」。そうきたかっ！　ねずみをこのむのがネコだったら、アリを好んで食べるアリクイは「あこ」になりますね。幾つか語源説を並べてみましょうか。

「ウシ（牛）」は「うるさい」とまず述べているのですが、その後に形が「恐ろしくうらめしい」物だ、と述べています。「うらめしい」からウシでしょうか。これだと梅干しは食べると酸っぱくて「うらめしい」から「ウメ（梅）」という説明もできてしまいそうですね（笑）。
「イヌ（犬）」は屈折した説明がされています。まず「イヌ」は「イヌル（去）」だと説明しています。つまりイヌはいなくなるものだということですね。そして、イヌは主人に懐いて離れない。だから、おいしい食事で、他の所に引き寄せようとしても、もとの主人のところに帰る、すなわち「イヌル（去）」のだと説明しています。主人のところからはいなくならない。よその人のところから「イヌル」。なんだかわかったようなわからないような。

　鳥はどうでしょう。「タカ（鷹）」は「たかく飛ぶ」から。わかりやすいですが、他に高く飛ぶ鳥はいないんかいっ、とツッコミを入れたくなりますね。「サギ（鷺）」は「いさぎよい」から。上も下も略ですね。この説明でいけば、鳥ではないですが、「ツクシ（土筆）」は「うつくしい」から、という説明もできますね。「ツル（鶴）」は「つらなる」から。今度は中抜きですね。「カリ（雁）」は春は北に帰るから、「かへり」と説明しています。このようにみなれた語をいろいろと考えてみると、頭が柔軟になるかもしれません。みなさんも語源で遊んでみませんか。

30　夏の淋しさ

文集や詩歌の集などを、勅宣（＝天子の命令）または、上皇や法皇の院宣《いんぜん》（＝院の宣旨）によって撰定し、編集することを「勅撰」といいます。また編集されたものそのものをそう呼ぶこともあります。

延喜五（九〇五）年に奏上された『古今和歌集』は最初の勅撰和歌集です。以後、『新古今和歌集』まで八つの勅撰和歌集が編まれ、「八代集」と呼ばれています。『古今和歌集』の次は『後撰和歌集』で以下『拾遺和歌集』、『後拾遺和歌集』、『金葉和歌集』、『詞花和歌集』、『千載和歌集』と続き、『新古今和歌集』です。

『古今和歌集』は集全体の構造をよく考え、一首一首の歌の配置にもこまやかな心配りがされていることが指摘されています。全二十巻のうちの六巻を「春歌　上・下」「夏歌」「秋歌　上・下」「冬歌」にあてており、四季に関しては、春と秋とが重視されていることがわかります。これは和歌の価値観の一つといってもいいでしょう。

ところで、寺山修司（一九三五〜一九八三）という多才な人物がいました。天井桟敷という劇団を主宰しましたが、短歌や詩、俳句にも作品を残しています。歌人の穂村弘は、

『寺山修司全歌集』（二〇一一年、講談社学術文庫）の「解説Ⅱ　透明な魔術」の冒頭に、「初めて寺山修司の短歌に出会ったときの衝撃を覚えている」と記して、「海を知らぬ少女の前に麦藁帽のわれは両手をひろげていたり」をあげています。「麦藁帽」ですから、季節は夏のはずです。海と麦藁帽子、鮮やかな夏の風景が浮かび上がります。寺山修司には印象深い夏の歌が少なくありません。

夏帽のへこみやすきを膝にのせてわが放浪はバスになじみき
日あたりて遠く蟬とる少年が駈けおりわれは何を忘れし
わが内にわれにひとりの街があり夏蝶ひとつ忘られ翔《か》くる
夏蝶の屍《かばね》をひきてゆく蟻一匹どこまでゆけどわが影を出ず

「夏帽」は麦藁帽子でしょうか、その丸いところがへこんでいる。そんな帽子を膝にのせて、行き先を定めずずっとバスに乗っている。「放浪」は何かを求めての旅、あるいは忘れてしまったりなくしてしまった何かに出会うための旅といえるかもしれません。「われは何を忘れし」はそういう気持ちの表現にみえます。その一方で、「わが内にわれにひとりの街」がある。それは「どこまでゆけどわが影を出ず」とも通じるような感情でしょうか。夏の季節に高く飛ぶ揚羽蝶を下から見上げると、寺山修司の夏の歌が頭をかすめていきます。夏は太陽が輝く季節であるから淋しいともいえそうです。

31　はたらく動

表記法あれこれ⑤

折《をり》から動也動也押寄《おしよ》せ来《きた》る敵軍《てきぐん》凡《およ》そ百余名《よめい》、熊《くま》を中《なか》に取巻《とりま》きて衝《つ》くもあれは撃《う》つもあり、踏《ふ》むやら蹴《け》るやら乱暴狼藉《らんばうろうぜき》直《たゞ》ちに殺《ころ》して皮《かは》を剝取《はぎと》り肉《にく》は炙《あぶ》りて食《くら》ひ尽《つく》し脂《あぶら》までも絞《しぼ》り取《と》らんと犇《ひし》めき合《あ》ひつ。

右は明治十九（一八八六）年に出版された井上勤訳述『禽獣世界狐の裁判』（再版）の四十五頁の一節です。「狐の裁判」はゲーテの「ライネッケ・フックス」を原作としています。右では、読みやすくするために、句読点を補いました。

クマが食べられてしまってかわいそうな感じですが、そのことではなく、振仮名をはずした「動也動也」の箇所が読めるでしょうか、ということです。この箇所は実際には「動也〳〵」と書いてあるのですが、「動也」には「どや」と振仮名が施されています。つまり「ドヤドヤ」を「動也動也」と書いたわけです。「動」には〈ウゴク〉という意味がありますから、「動也動也」は意味もふまえながら、表音的に漢字を使った例といっていいでしょう。

この作品には「偖《さて》は曩夜《さきのよ》の盗賊《とうぞく》は狐《きつね》なりと思《おもひ》の外《ほか》、此《こ》の動乱猫にて有《あり》つるか」（七十四頁）というくだりもあります。この「動乱猫」はどうでしょうか。「ドウランネコ」？惜しい。もう一歩、「ドラネコ」です。これも漢語「ドウラン（動乱）」の意味を少しかぶせながら漢字を表音的に使っています。「ドウラン」の発音が「ドーラン」にちかいものであったとすれば、「ドーランネコ」の長音、撥音をはずしたものが「ドラネコ」です。「人々《ひとびと》動と吶喊《とき》を作《つく》り」（八十九頁）の「動と」はどうですか。「吶喊《とき》」は〈おおぜいが一度に声をあげる〉「鬨《とき》の声」の「トキ」です。「動」の振仮名は「どつ」ということは「ドット」を「動と」と書いたということです。

右に採りあげた例は、漢字「動」の音「ドウ」を表音のために使いながら、〈ウゴク〉という意味を少しオーバーラップさせて使っているようにみえます。また、長音、撥音、促音がかかわっているのもおもしろいですね。「工夫した書き方」といってもいいでしょう。しかし、おそらく明治期の日本語母語話者は、こういうことはごく自然に行なっていたと思います。漢字を使う以上、個々の漢字の意味を知っているということは当然のことでしょうし、その「意味」の範囲は現在よりもずっとひろかったことが予想できます。「ドヤガオ」は現在「ドヤ顔」と書くことが多いようですが、明治風に書けば「動哉顔」または「動焉顔」となりそうですね。こんな教養もあっていいのではないでしょうか。

32　ヘボンがつくった辞書からわかること

　アメリカ人のヘボン（James Curtis Hepburn　一八一五〜一九一一）が慶應三（一八六七）年に出版した和英英和辞書が『和英語林集成』です。扉頁には「米国　平文先生著」と印刷されています。パスポートなどでは「ヘボン式ローマ字（綴り法）」で名前を書いてくださいといわれますが、この「ヘボン式」は『和英語林集成』第三版（明治十九：一八八六年）で使われた綴り方に基づいています。右に示したアルファベットでわかるように、「ヘボン」は「Hepburn」ですから、女優のオードリー・ヘプバーンと同じ名前だったのですね。

　ヘボンは幕末に来日し、横浜で医療活動を行なっていました。その一方で、日本語に興味を持ち、辞書を作っていました。『和英語林集成』初版を出版した慶應三年には、美貌の女形として人気のあった三代目澤村田之助の左足切断手術をしたことがわかっています。

　さて、次頁の図は『和英語林集成』の第二版（一八七二年）の三十三頁です。左側の上から三番目に見出し「ベンキョウ（勉強）」がありますが、「Industrious」（勤勉な）、「diligent」（熱心な）、「active」（活動的な）という英語で説明されていて、ここに「study」

BEN BET 33

kaneru, difficult to distinguish the right and the wrong. *Yō wo benjiru*, to transact business. Syn. WAKATSU, TOKU, TSUTOMERU, ATSUKAU.

BENKE-JIMA, ベンケジマ, 辨慶縞, *n.* Plaid, or checkered figures in cloth.

BEN-KETSU, ベンケツ, 便血, *n.* Bloody discharge from the bowels.

BEN-KIYŌ, ベンキヤウ, 勉强, (*tsutome.*) Industrious, diligent, active. — *suru*, to be industrious.

BEN-KUWAN, ベンワンツ, 辨官, *n.* The executive department of the supreme council of state or *Dajōkuwan*, consisting of seven members, called *Sa-dai-ben*, *U-dai-ben*, *Sa-chiu-ben*, *U-chiu-ben*, *Sa-shō-ben*, *U-shō-ben* and *Gom-ben*.

BEN-NEI, ベンチイ, 辨佞, (*hetsurai mono.*) Flattery, adulation. *Bennei naru hito.*

BEN-RI, ベンリ, 便利, Convenient, commodious, adapted to use. *Benri ga yoi*, convenient, well adapted to use. *Benri ga warui*, or *Fubenri*, inconvenient. Syn. TSUGŌ.

BEN-SHA, ベンシヤ, 辯者, *n.* An eloquent person, one fluent and good at talking.

BENTŌ, ベンタウ, 辨紅, *n.* A small box for carrying boiled rice, also, the food contained in the box.

BEN-ZAI-TEN, ベンザイテン, 辨財天, *n.* The name of a Buddhist idol, the goddess of wealth.

BEN-ZETSU, ベンゼツ, 辯舌, *n.* Fluent and clever at talking eloquent. — *midzu no nagaruru ga gotoshi.*

BEPPIN, ベツピン, 別品, *n.* Any thing especially fine in quality.

BEPPUKU, ベツブク, 別腹, *n.* A different mother, but the same father, step-children.

BERABŌ, ベラボウ, *n.* (a vulgar coll. word.) A fool, an idler. — *me*; — *yarō.*

Another, different or separate place.

BESSŌ, ベツサウ, 別莊, *n.* A pleasure house, a summer house.

BESSU, ベツス, 襪子, *n.* A short sock or stocking without an extra sole, only worn with a shoe.

BETA-BETA, ベタベタ, *adv.* Sticky, gluey adhesive, glutinous, viscid. *Nori ga beta-beta tsuku*, the gum is sticky.

BETA-ICHI-MEN, ベタイチメン, *n.* All over without intervals, completely, entirely. *Ano hito no kao — ni abata ga aru*, that man's face is completely covered with the marks of small-pox.

BETATSUKI, *-ku*, *-*, *ta*, ベダツク, *t.v.* To be sticky, adhesive, glutinous, to stick.

BETO-BETO, ベトベト, *adv.* Sticky, adhesive, glutinous.

BETSU, ベツ, 別, (*hoka.*) *n.* Separation, distinction, difference. — *no*, *a.* Another, different, separate. — *ni*, *adv.* — *no hito*, another person. *Betsu wo tatsuru*, to make a distinction. Syn. YO, TA.

BETSU-BETSU-NI, ベツベツニ, *adv.* Separately, apart, asunder. *Betsu-betsu ni suru*, to separate, put apart.

BETSU-DAN, ベタツダ, 別段, A different case, different affair, another matter; different from others, separate, distinct; special, exceptional, particular. *Kore wa — ni ageru*, give this over and above. — *ni*, particularly, specially. Syn. KABUBETSU, KOTO-NI.

BETSU-GI, ベツギ, 別義, Different or another matter, objection, special, besides, unusual, extraordinary. — *kore naku soro*, have nothing special, or unusual (to say.) — *de wa nai*, nothing more — *mōshi-maji*, no objection to make, nothing else to say.

BETSUI, ベツイ, 別意, *n.* Other or different in-

『和英語林集成』第２版（1872年）より

がみられないことには注目しておきたいですね。一二三頁で採りあげることでもあります。

二つ下の見出しに添えられた片仮名は「ベン子イ」で片仮名の「ネ」として「子」が使われています。そして、その三つ下の見出しは謎です。見出しは「BENTŌ」で、説明は「A small box for carrying boiled rice, also, the food contained in the box.」（ご飯を運ぶための小さな箱、また、箱に入っている食べ物）と説明されています。ここに示されている漢字列は「辨紅（弁紅）」です。これだと「ベンコウ」となってしまいますから、何か誤解があったのかもしれません。そう思ってみると、図にはありませんが、見出し「BESOKAKU」には片仮名「ベノカク」が添えられています。印刷時に「ソ」を誤って「ノ」とみてしまったのでしょうか。なんだか誤植探しみたいになってしまいましたが、誤植にはそれ相応の理由がある場合も少なくありません。なんでこんな誤植がうまれたか、と考えるところから言語についての「発見」や「気づき」があることもあります。

「ベツジョウ（別条）」という見出しに示されている使用例には「この病《やまい》、命には別条ない」が挙がっているのですが、このことから、現在と同じような「ベツジョウ（別条）」の使い方が明治時代にすでにあったことがわかります。

33　何のための長音？

「長音」の一般的な意味は〈長い音〉ですが、言語学の用語、つまり一六九頁で話題にする「メタ言語」（＝言語を説明する言語）としての意味は〈直前の音節の母音を一拍分続けた音〉です。「バタ」を例にしてみましょう。「バタ」は「バ」と「タ」という二つの音節からできています。音節は〈母音を核としたひとまとまりの音《おと》〉ぐらいに考えておくことにします。「タ」はローマ字で「ta」と書きますね。「t」を子音、「a」を母音と考えておきましょう。「タ」の母音を一拍分のばすと「ター」となります。この「ター」全体を「タ」の長音（音節）と呼ぶこともありますし、「ター」ののびた部分「ー」に該当する部分を長音と呼ぶこともあります。「バタ」の「タ」が長音になると「バター」という語形になります。「バタ」からみれば「バター」は長音化した語形、「バター」からみれば「バタ」は短呼形《たんこけい》（＝短くした語形）ということになります。「長音」は直前の音節の母音を続けているので、直前に音節がないと「長音」は存在できないことになります。ということは、「長音」から始まる語は、日本語には存在しないことになります。ここが他の音素と違うので、長音は「特殊音素」と呼ばれることがあります。

「オジサン」と「オジーサン」とは、長音があるかないかによって、別の語になります。言い換えれば、三番目に長音が入っていれば、「オジーサン」になるし、入ってなければ「オジサン」になるペアの語です。このように一つの音素の違いによって別の語になるペアを言語学では「ミニマル・ペア（Minimal pair）」（＝最小対語《さいしょうついご》）と呼ぶことがあります。

さて、「オジサン」と「オジーサン」とはこのミニマル・ペアであるようにみえます。しかし、少し日本語を遡ってみると、「オジーサン（オヂイサン）」は十九世紀頃から使われるようになった語で、それまでは、この二つの語はミニマル・ペアではなかったのです。日本語には長音があるかないかによって、別の語になるミニマル・ペアはほとんどないことがわかっています。ということは……長音はおそらく最初から日本語にあった音素ではないと考えるのが自然でしょう。

芥川龍之介は昭和二（一九二七）年七月二十四日に自死しますが、その半年前に書かれ、『婦人公論』の昭和二年三月号に発表された「蜃気楼」という作品があります。藤沢市鵠沼を舞台としているのですが、この作品は次のように終わっています。印象的ですね。

「いつになるかな。……東京からバタはとどいているね？」

「バタはまだ。とどいているのはソウセェヂだけ。」

そのうちに僕等は門の前へ——半開きになった門の前へ来ていた。

34 「子」は片仮名です

明治三（一八七〇）年から明治十三（一八八〇）年にかけて、全四編十二巻（全十三冊）で刊行された『輿地誌略《よちしりやく》』という、世界の地誌についての書物があります。図はその五巻の二十七丁表です。著者である内田正雄は、オランダに留学し、語学、化学などを学んでいます。「凡例」にはおもに「マッケー氏」「コールド、スミス氏」「カラームルス氏」の地理書等によっていることが記されています。翻訳と著述の中間的な書物といってもよいかもしれません。明治期にはこういう書物が少なくありません。文部省年報によると、明治八（一八七五）年の時点での印刷部数が十二万部に達しており、福澤諭吉『学問ノススメ』、中村正直『西国立志編』とともに「明治の三書」と呼ばれることがあります。

森鷗外の『かのやうに』には登場人物である「五條秀麿」の父親である子爵について、「西洋事情や輿地誌略の盛んに行はれてゐた時代に人となつて、翻訳書で当用を弁ずることが出来」た人物と述べられています。また一四二頁で採りあげる、夏目漱石『道草』にも『勧善訓蒙《かんぜんくんもう》』とともに『輿地誌略』の名前が挙げられています。さらには、小栗虫太郎の『黒死館殺人事件』の冒頭ちかくには「マッケイの古めかしい地理本の挿画《さしえ》でも見るよ

シ唯加雷ヲ除クノ外ハ全國盡ク舊ニ復スルヲ得タリ此ニ至テ累世ノ兵禍初メテ終リ爾後漸ク平穏ニ至リ嗣デ路易十一世暴戾苛虐ナリト雖モ稍、王室ノ權ヲ盛ニセリ嗣王查爾禄八世貎利太尼侯ノ領地ヲ合併シテ更ニ强盛ニ至リ王威漸ク全國ニ及ボセリ蓋シ國内久シク大小諸侯ノ分轄ニ屬シ就中不下的及ヒ貎利太尼ノ両侯最モ强盛ニメ屢王家ニ抗シ其命令ニ従ハズ累世威權ヲ擅ニメ全國ニ跋踦セシカ當時貎利太尼侯ノ血緣唯一女子有リテ查爾禄八世ト婚スルニヨリ邦土終ニ王家ニ歸セルナリ嗣デ路易十二世師ヲ以太利ニ出シ拿破里ヲ征伏シ墺國西斑牙ト連合シテ威尼西ト戰ヲ交フ然レ𪜈終ニ墺國ト相競フテ和セズ合從ノ盟約忽チ破レ互ニ兵

輿地誌略　巻五　二十七

『輿地誌略』（1873 ～ 1880 年）より

うな感じ」という表現がありますが、この「古めかしい地理本」が『輿地誌略』のことと思われます。『黒死館殺人事件』は雑誌『新青年』の昭和九（一九三四）年四月号から十二月号まで連載されています。

図の後ろから三行目に「拿破里《ネープルス》」とあります。「Naples」つまりナポリのことですが、振仮名は「ネープルス」とみえますね。ここで使われている「ネ」は一見すると、漢字の「子」のようにみえますが、そうではなくて、片仮名の「ネ」として使われています。「変体仮名」については五十一頁で採りあげていますが、平仮名だけでなく、片仮名にも「変体仮名」がありました。平仮名の「変体仮名」は活字印刷されるようになっても幾つかは使われていたのですが、片仮名の「変体仮名」は次第に使われなくなっていきました。明治三十三（一九〇〇）年の「第三次小学校令」において、小学校で教える平仮名と片仮名を一字体に絞ったことを一二七頁でも紹介しますが、決定直前の資料には片仮名の「ネ」として「子」が候補とされていました。なぜ「子」から「ネ」に変わったかはわかっていないのですが、もしも変わらなければ……現在「子」が片仮名の「ネ」として使われていたことになります。図でわかるように『輿地誌略』は「漢字片仮名交じり」で印刷されているので、漢字の「子」と紛れないように、振仮名においてのみ片仮名の「子」が使われているようです。後ろから五行目には「女子」とあって漢字の「子」が使われています。

35 いろいろなナウ

「逆引き索引」あるいは「尾音《びいん》索引」をご存じでしょうか。現在出版されている国語辞書の多くが見出しを五十音順に並べています。この五十音順は語の上からですが、逆引き索引では下からです。例えば、一番最後に「う」が来ている語を集め、下から二番目に「あ」が来ている「むきあう」、下から二番目に「い」が来ている「せいう（晴雨）」を並べていくという配列です。どういう辞書？　と思われるかもしれませんが、「あう」で終わる語にはどんな語があるのだろうというようなことを調べることができます。「占う、商う、諾う、Yee!」ラップの歌詞を考える時にも使えそうです。

さて、こうした辞書で「なう」、つまり「なう」で終わる語を調べてみると、「アキナウ（商）」「イザナウ（誘）」「ニナウ（担）」「ウベナウ（諾）」「アマナウ（甘）」「ツミナウ（罪）」「トモナウ（伴）」「ウラナウ（占）」などの動詞があることがわかります。「ウベナウ」は〈要求をききいれる〉、「アマナウ」は〈なかよくする・満足する〉、「ツミナウ」は〈罪する〉という意味です。「ツミナウ」の意味が〈罪する〉だったら、「ツミナウ」は「ツミ＋ナウ」に分解できるのでは？　と思った方は、正解です。

「ナウ」は名詞や形容詞の語幹などに付いて、その行為をする意味の動詞をつくる接尾語であると考えられています。「ニナウ」はわかりやすいですね。「ニ（荷）」に「ナウ」が付いて〈荷物をかつぐ〉という意味の動詞になっています。「トモナウ」は「トモ（友）」に「ナウ」が付いて〈いっしょに行く〉という意味の動詞をつくります。「イザナウ」の「イザ」は〈相手を誘う時などに呼びかける語〉で品詞としては感動詞ですが、その「イザ」が動詞になったものです。「ウベナウ」の「ウベ」は平安時代以降には「むべ」と書かれることが多くなっていきます。百人一首にも入っている、文屋康秀《ふんやのやすひで》の「吹くからに秋の草木のしをるればむべ山風を嵐といふらむ」（『古今和歌集』二四九番歌）（＝吹くとともに秋の草木がしおれるので、なるほど山風を嵐というのだろう）の「むべ」（＝なるほど）です。「ウラナウ」の「ウラ」は〈神意をうかがうこと〉ですね。「マジナイ」の「マジ（蠱）」には〈呪術〉の意味があるので、これも同じような成り立ちをしている動詞です。では、「アキナウ」はどうでしょうか。この「ナウ」も右で説明した動詞をつくる接尾語だと考えられています。「アキ」はといえば、秋に産物の交易が行なわれたからだという説明がされることがありますが、これははっきりしていません。

　右で採りあげた語は一語と思っていた方が多いと思います。語をじっくりと観察してみるのもおもしろいですね。

36 「ほれたはれた」の「はれた」とは？

夏目漱石『三四郎』に「Pity's akin to love」という英語を登場人物の「与次郎」が「可哀想《かわいそう》だた惚《ほ》れたつて事《こと》よ」と訳したらどうだろうと言って、「広田先生」に「いかん、いかん、下劣《げれつ》の極《きょく》だ」と言われる場面があります。ここで「惚れた」ということばが使われています。

「ホレル」はもともとは〈ぼんやりする〉という意味①でした。それが、〈加齢とともに知覚・感覚がにぶくなる〉という、漢語ならば「モウロク（耄碌）」という語の意味と同じような意味②でも使われるようになりました。現代日本語には「ボケル」という語がありますが、この語の語感があまりよくないように感じるのは、語頭に濁音が位置しているからだと思われます。実は「ホレル」の語頭を濁音化した「ボレル」という語もありました。

「ボレル」「ボケル」が意味②を分担し、意味①は〈異性に心をうばわれて夢中になる〉という方面に特化された意味③で使われるようになりました。『三四郎』の例はこの意味③で使われた「惚れた」です。

「なにか、おのぶサンには惚れた腫れた以外に、折竹に云いたいことがあるらしい。で、これは、紐育を去る出発の前夜のこと」（小栗虫太郎「人外魔境」）で使われているような「ホレタハレタ」という表現があります。自身で使う表現ではありませんが、「ハレタ」って何だろうとずっと思っていました。しかし、これは単なる語呂合わせ（地口《じぐち》）だろうと思うにいたりました。「驚き、桃の木、山椒の木」は単に「驚いた」ということで、続く「桃の木、山椒の木」は単に「オドロキ」と同じように「キ」という音を語末にもつ四拍の語というだけのことです。今はあまり使わないと思いますが、「恐れ入谷の鬼子母神」は「オソレイイリ（ヤス／ヤシタ）」に「入谷の鬼子母神」をつなげただけといっていいでしょう。このようなことばあそびを「地口」といいます。二十七頁で採りあげた『小野篁謌字尽』には「堪忍信濃《かんにんしなの》の善光寺《ぜんこうじ》」が「恐れ入谷の鬼子母神」とともにあげられています。「堪忍しな」と「信濃の善光寺」を付けたものですね。

「ホレタハレタ」は「ホレタ」の「ホ」の母音を替えた「ハレタ」を付けたのだと思います。この点は辞書ではあまりはっきりと説明されていないようです。もしも予想通りだとすれば、「惚れた触れた腫れた」というような「三段重ね」の地口にすることもできますね。これは意味的にも少しつながりがでているので、あれこれ考えることもできます。

表記法あれこれ⑥

37 「四五人」は何人？

劇作家として知られる岸田國士《きしだくにお》（一八九〇〜一九五四）は優れた小説の書き手でもあります。次頁の図は岸田國士の小説「双面神《そうめんしん》」の「花火模様」という章の原稿の最初の部分です。岸田國士の長女が童話作家の岸田衿子、次女が女優の岸田今日子です。小説「双面神」は昭和十一（一九三六）年五月から十月にかけて、『東京日日新聞』と『大阪毎日新聞』とに連載されました。一九三六年といえば、「二・二六事件」があった年です。

もう一つの図は、昭和十一年十二月十五日に創元社から出版された単行本『双面神』です。原稿には、印刷のためのいろいろな指示が書き込まれているので、新聞印刷のもとになった原稿であることがわかります。原稿は急いで書かれているとみえて、文字が続け書きになっている箇所が少なくありません。ある原稿には「大至急」という大きなスタンプがおされていたりするので、原稿が入稿されてから印刷まで、あまり時間がなかったことが窺われます。単行本は、新聞の連載終了からまもなく出版されているので、新聞連載のかたちに基づいて編集されていることと思います。

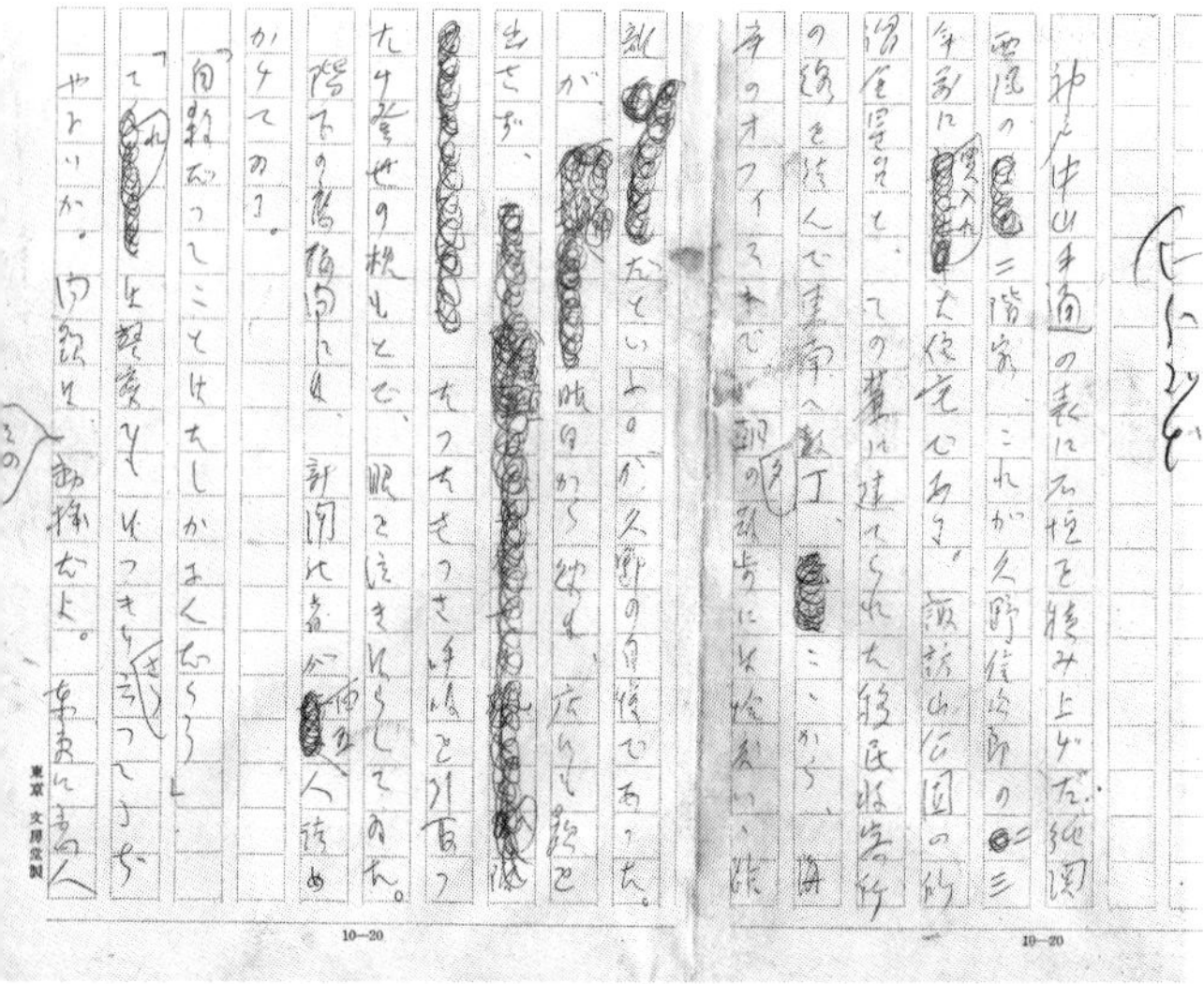

「双面神」原稿（筆者蔵）より

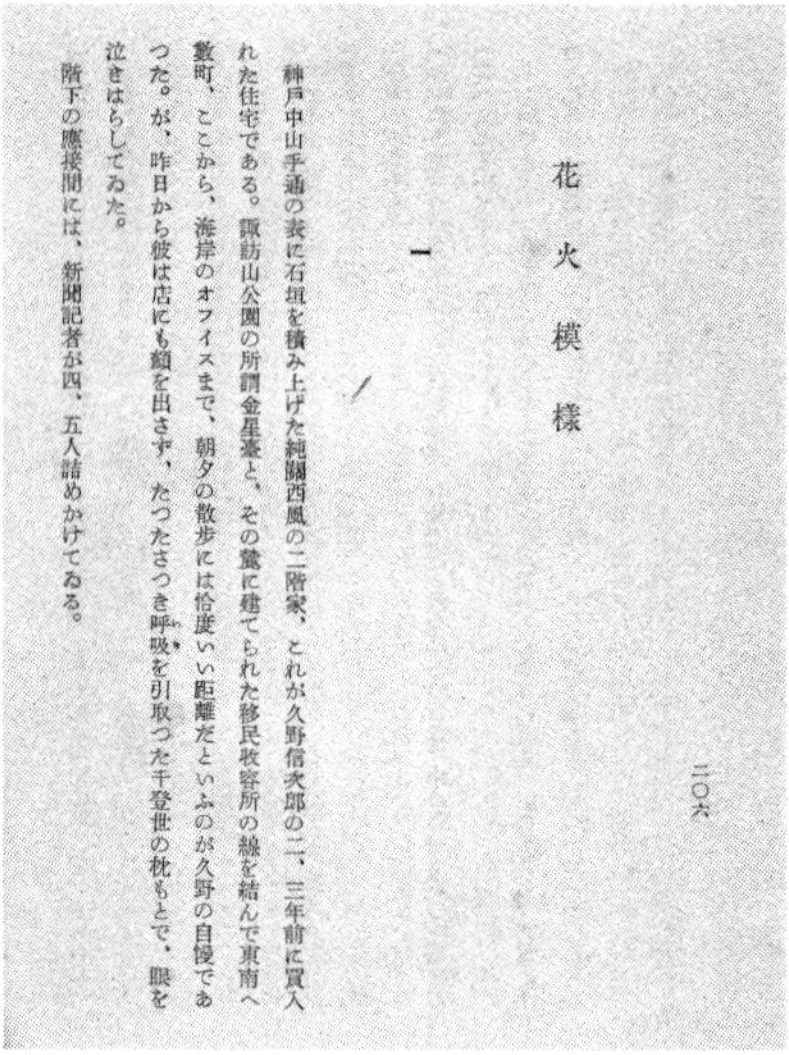

花火模様

一

神戸中山手通の表に石垣を積み上げた純關西風の二階家、これが久野信次郎の二、三年前に買入れた住宅である。諏訪山公園の所謂金星臺と、その驚に建てられた移民收容所の線を結んで東南へ數町、ここから、海岸のオフィスまで、朝夕の散歩には恰度いい距離だといふのが久野の自慢であつた。が、昨日から彼は店にも顔を出さず、たつたさつき呼吸を引取つた千登世の枕もとで、眼を泣きはらしてゐた。

階下の應接間には、新聞記者が四、五人詰めかけてゐる。

二〇六

単行本『双面神』（1936年）より

さて、単行本の図の最終行には「階下の應接間には、新聞記者が四、五人詰めかけてゐる」とあります。原稿の該当箇所には「新聞記者が四五人詰めかけてゐる」とありますね。この原稿を大学生に読んでもらうと、うっかりした人は「ヨンジュウゴニン」と読むかもしれません。現在は、「ヨンジュウゴニン」を「四十五人」ではなく「四五人」と書くことが一般的になりつつあります。新聞記者が四十五人も詰めかけてくるはずはないので、ちょっと考えれば「四五人」が「シゴニン」だとわかるはずですね。

一行目には「二、三年前に買入れた住宅である」というくだりがあります。この箇所も原稿には「二三年前」と書かれています。これも二十三年前ではないだろう、とわかりますが、場合によっては紛らわしくなることもありそうです。

岸田國士がうまれた一八九〇年は明治二十三年です。岸田國士は原稿では「二三年」「四五人」方式で書いています。しかし、昭和十一年に出版された単行本では、「二、三年」「四、五人」方式になっています。

「一両日」という語がありますね。これは「一日」と「両日」つまり今日と明日とを合わせた表現なので、「一（日）、両日」と考えると〈今日と明日〉という意味がわかりやすいのですが、「二三年」方式が使われなくなるとこうした語も理解しにくくなっていくかもしれません。

38 青鷺の情緒

『俳諧七部集《しちぶしゅう》』と呼ばれる俳諧の撰集に「猿蓑《さるみの》」があります。元禄四（一六九一）年に出版されました。その「猿蓑」の中に「昼ねぶる青鷺の身のたふとさよ」という芭蕉の作品が収められています。「ねぶる」は「ねむる」の［mu］が［bu］と入れ替わった、「子音交替形」なので、同じ意味とみてよいでしょう。

さて今回の話題はアオサギです。アオサギは、日本で見られるサギの中で最大のもので、翼を開くと一・五メートルを超えるものもあるとのことです。現在はインターネットで「アオサギ」を検索すれば、画像も確認できますし、美しいとはいいにくい特徴のある鳴き声も聴くことができます。

水田や沼地、用水路などで餌を採ります。そして、なんと、日本ではこのアオサギを食用にしていました！　考えてみれば、大型の鳥ですし、ひろく棲息していると思われるので、恰好の食材だったかもしれません。アオサギは古くは「ミトサギ」と呼ばれていたと考えられています。百人一首の「村雨の露もまだひぬ槙の葉に霧たちのぼる秋の夕ぐれ」の作者である寂蓮法師（一一三九？～一二〇二）は「霜こほる洲崎《すさき》に立てるみと鷺の姿寒けきあさぼらけかな」という歌をつくっています。

夕嵐青鷺吹き去つて高楼に灯　高浜虚子

洲に立てる青鷺ひとつサロマ川　水原秋桜子

青鷺のみぢんも媚びず二夜経つ　殿村菟絲子

二夜、すなわち二晩も動かないということがあるのかどうかわかりませんが、じっと立ち尽くしている姿を見ますね。筆者は高知大学に勤務していたことがあるのですが、夕方、大学から自転車で十分ほど離れた官舎に帰る途中の用水路で毎日のようにアオサギを見ました。自転車のライトを向けると、特徴のある「ギャァ」というような声で鳴いていました。高知を離れて東京に戻って来る日の朝に、用水路の上を飛んでいたのは、いつものアオサギではないかと今でも思っています。

さて、日本語にかかわることといえば、アオサギの体色はブルーではありません。青灰色というような色です。日本語の「アオ」はアオサギの体色のような色から、緑色、現在ではブルーまで、指す範囲がひろい色名です。もっとも、寒色をカバーしているのが「アオ」ですから、当然といえば当然かもしれません。

39 昭和初期の難解語

昭和七（一九三二）年といえば、犬養毅首相が暗殺される「五・一五事件」が起こった年です。十月一日には、従来の東京市（十五区）と隣接していた五郡八十二町村（荏原郡・豊多摩郡・北豊島郡・南足立郡・南葛飾郡の各全域）を編入して、新たに二十区を置いて、東京三十五区となります。これに北多摩郡砧村・千歳村を加えた地域を大正年間に入る頃から「大東京」と呼ぶことがありましたが、これが現在の東京都区部（東京二十三区）に相当します。大正から昭和初期にかけての時期に、現在の「東京都区部」がかたちづくられていったということですね。

その昭和七年の『毎日年鑑』の附録として出版されたのが『現代術語辞典』（大阪毎日新聞社）です。「外国語」「しばしば新聞面に現れる流行語、隠語、科学的術語などで難解と思われるもの」を集めたことが謳われています。

少し前のことですが、東京都知事がしばしば使ったためか、「アウフヘーベン」という語が「2017ユーキャン新語・流行語大賞」（現代用語の基礎知識選）の候補になりました。「アウフヘーベン（aufheben）」はドイツの哲学者ヘーゲルが使った用語で、日本語では「止揚《しよう》」と訳されることがあります。『現代術語辞典』はこの語を採りあげています。

アウフヘーベン　止揚、揚棄（二つの矛盾概念が相互に関連してその矛盾を更に一段高い概念において調和統一せんとする作用を意味し形式的には正、反、合の三命題を構成する）

なんだか、難しい説明ですが、『蟹工船』で知られる小林多喜二がこの「アウフヘーベン」を昭和三（一九二八）年に使っていることが確認できます。さて『現代術語辞典』の見出しを少しあげてみましょう。

アナウンサ　報知者△競技会でレコードなどを拡声器で観衆に報ずる役員△ラヂオ放送　局の公告者△おしゃべり

ウルトラ　極端、超、過激、尖鋭△極左翼の思想や社会運動△ウルトラ・ガール、ウルトラ・モダンなどと使う

エキサイト　衝動する、刺戟鼓舞する△躍起となる、興奮する△感電させる、感光せしめる

△は転じた使われ方だと思います。「衝動する」という動詞が使われていますね。ウルトラ・ガールは見出しになっていませんが、過激な女性でしょうか。「ウルトラマン」は……超人ですね。外来語がさまざまな意味をもって使われていたことがわかります。

40　異体字の関係とは？

「イタイジ（異体字）」という用語は必ずしも一般的に使われてはいないと思います。七十八頁で、漢字には「形《けい》・音《おん》・義《ぎ》」が備わっていると述べましたが、三つのうち、「音・義」が同じで、「形」が異なる字を「異体字」と定義しておくことにします。「『形』が異なる」と述べましたが、少し異なるからだいぶ異なるまで、「異なる」には幅があります。少し異なるだけならば、同じものとみちゃいましょう、ということもできるので、ここでは「だいぶ異なる」と考えておくことにします。「島」「嶋」「嶌」は視覚的にとらえた場合に、（構成している要素はほぼ同じですが、位置が異なるので）だいぶ異なりますね。だから、これらは「異体字」の関係にある字ということになります。

「形」が「少し異なる」字を同じものとみることを「包摂《ほうせつ》」するといいます。ＪＩＳで規程されている漢字においても、どの字とどの字を包摂するかは問題になります。

さて、明治九（一八七六）年に出版された『校正増補漢語字類』という、漢語のみを見出しにした、荘原和という人物がつくった漢語辞書があります。漢語の語義を調べるための辞書ということになります。当然、漢語を構成している漢字を探し当てる必要がありま

鈎鉤同
貴貴同
發発發同
等等同
絲絲同
散散同
備備同
園園俗
創瘡通
游遊通
善善同

傍 三丁 訶渺復集插愕鈎喜
貴晴惶敦 四丁 焦發喧等語
窘稀絲散掣 五丁 備焚掎惻
評短貽園跫貼斯診裂
辜絶隆創喋湍黑渡僉
崎駁媒游遑稅詛善雅

『校正増補漢語字類』(1876年)より

す。前頁の図はその「目次」ですが、上部欄外に「癹発發同」とありますね。下には「發」の字が示されていますが、「癹」「発」はその「發」と同じですよ、というガイドにみえます。今ここでは「癹」「発」「發」の関係を「異体字」とみるかどうかということにはふみこまないことにします。とにかく、荘原和さんは、「癹」「発」「發」という三つの形があることを認識した上で、この三つは「同」だと述べているわけです。

現在は「切」と書きますが、『校正増補漢語字類』の別の頁の上部欄外には、「土偏に刀」の形とこの「切」とが並べられて、「同」ということになっています。「功」とともに並んでいるのは、「力」の部分が「刀」になっている字です。そんな字があったのだろうか、と思ってしまいますが、こういう形の字は実際に使われていました。だからこそ、この辞書を調べる人のために、「同じ字ですよ」と注意しているのです。

「来」「來」、「争」「爭」、「児」「兒」も並べられています。これらは上が「新字体」で下が「旧字体」といわれている形ですが、明治頃にはともに使われていたということになります。今は「常用漢字表」に載せられている字体以外の字体を目にすることはあまりありませんが、こういう点も明治と現在とでは違っています。

41 「異分析」という不思議な現象

語の意味とかたち⑦

言語とは音が並んでいるものなのです、なんて言うと、そんなことはわかってるよ、と言われそうですが、音が並んでいるから、「音の切れ目」が大事になります。自分がよくわかっていない言語をその言語を母語としている人が話しているのを聞くと、「そもそもどこからどこまでが一つの語なのかすらわからない」ということがありませんか。

作詞者も作曲者もわからなくなっている文部省唱歌「浦島太郎」をご存知でしょうか。「むかしむかし、浦島は助けた亀に連れられて、竜宮城へ来て見れば、絵にもかけない美しさ」という曲です。これが一番の歌詞ですが、この曲には五番まで歌詞があります。四番の歌詞は次のようになっています。

帰って見れば、こは如何《いか》に、
元居た家も村も無く、
路《みち》に行きあう人々は、
顔も知らない者ばかり。

「帰って見れば、こは如何に」は〈帰って見ると、これはどうしたことだろう〉ぐらいの意味ですが、この〈これはどうしたことだろう〉にあたる「コハイカニ」を「怖い蟹」と勘違いしたという話があります。筆者などは、ほんとうだろうか、とちょっと疑うのですが、そこは気にしないことにしましょう。浦島太郎が竜宮城から戻って来るのだから、きっと砂浜で亀とお別れをしたんだろう。砂浜だから蟹がいるだろう、こんな連想が働いて、「こは如何《いか》に」なのに「怖い蟹」と思ってしまう。ううむ。やっぱりほんとうだろうか、できすぎた話に感じますが、このように、本来とは異なって語句を分析してしまうのが「異分析（metaanalysis）」です。

播磨国風土記には現在の兵庫県宍粟市《しそうし》山崎町五十波《いかば》あたりの「イカマガワ（伊加麻川）」はイカ（烏賊）がこの川にいたから、そう名づけられたという記事があります。いやいや、川にイカはいくらなんでも無理じゃないですか？　と思うが、「イカマガワ」という地名の音の並びの中に「イカ（烏賊）」を聞いてしまった、見つけてしまったわけです。ことばを構成している音に耳を澄ませるというか、それはそれで楽しいのではないでしょうか。

42　紀貫之と紫式部のあいだに

紀貫之がいつ生まれたかははっきりわかっていません。貞観十二（八七〇）年前後の数年間だろうと考えられています。没年は天慶八（九四五）年頃と考えられています。『土左日記』の作者、『古今和歌集』の選者の一人として知られています。

紫式部も生没年が特定されていないのですが、天禄元（九七〇）年から天元元（九七八）年の間に生まれ、寛仁三（一〇一九）年頃までは存命であったと考えられています。『源氏物語』の作者として知られています。

推定されている紀貫之の生まれた年と紫式部の生まれた年とは、だいたい百年ほど隔たっています。この百年の間に、日本語の音に関して、大きな変化＝音韻変化がありました。それが一三五頁でも少しふれている「ハ行転呼《てんこ》音《おん》現象」です。

この現象についてわかりやすく説明するためには、まず「語頭《ごとう》」「語中尾《ごちゅうび》」ということを理解する必要があります。一つの語における音の位置のことです。『源氏物語』に「朝顔」という帖があるので、「アサガホ」という語を例にしてみましょう。「ア」が語の先頭の位置、すなわち「語頭」で、「ホ」が「語尾」ということになります。「サガ」は「語中」ですが、「語中」と「語尾」を合わせた「サガホ」の部分が「語中尾」です。「語頭」は語の先頭の位置なので、語を耳で聞いて認識する時には、大事な位置になります。それだけ情報の価値が高いといってもいいでしょう。

「ハ行転呼音現象」は「語中尾」にある「ハ行音」が結果として「ワ行音」のように発音され、そのように聞こえるようになったという現象です。「アサガホ」でいえば、「語尾」にある「ホ」がワ行音である「ヲ」になって、「アサガヲ」という発音になったということです。

みなさんは高等学校で「古文」を学習した時に、歴史的かなづかいでは「川」は「かは」と書きますが、発音は「カワ」だ、と学習したのではないでしょうか。なぜ「かは」と書いているのに、発音が「カワ」なのか？　そうです。もともとは「カハ」と書いて「カハ」と発音していたのに、「ハ行転呼音現象」によって西暦千年頃以降は、発音が「カワ」となったということなのです。

さて、表題は何かというと、「川」という語（「カハ」）を、紀貫之に発音してもらったら、「カハ」、しかし紫式部に発音してもらったらおそらく「カワ」だろう、ということです。そんなことが……あるのです。

表記法あれこれ⑦

43 誤植か？　発見か？

小川未明（一八八二～一九六一）は、一六七頁で採りあげる浜田《はまだ》廣介《ひろすけ》や坪田譲治とともに日本を代表する童話作家です。大正十（一九二一）年に発表された「赤い蠟燭と人魚」はよく知られているのではないでしょうか。その「赤い蠟燭と人魚」の中に次のようなくだりがあります。

「いゝとも何《な》んでも構《かま》はない、神様《かみさま》のお授《さづ》けなさつた子供《こども》だから大事《だいじ》にして育《そだ》てよう。きつと大《おほ》きくなつたら、悧怜《りかう》ないゝ子《こ》になるにちがひない」と、お爺《ぢい》さんも申《まを》しました。

右には「悧怜《りかう》」とあります。漢語「リコウ」を「悧怜」という漢字を使って書いているわけです。漢語「リコウ」は現在では「利口」と書くことが多いでしょう。口が利《き》く、つまり〈弁舌が巧みなこと〉ですが、現在ではそこから転じて、〈賢明なこと・気が利いていて身の処し方が巧みなこと〉という意味で使うことが多いですね。「オリコウサン」というと、皮肉あるいは悪意がこめられることもあります。

「リコウ（利口）」と同じような意味の漢語に「リハツ（利発）」「レイリ（怜悧）」がありま

す。漢語を、別の漢語をあらわす漢字を使って書くことは明治期などではよくあります。だから、「怜悧《りかう》」と書いてあるのだったら、そういう書き方をしている、と思えばいいのですが、右では「怜悧」ではなくて「悧怜」と書いてあります。上の字と下の字が逆になっているのですね。漢字二字で構成される漢語の中には、上の字と下の字とが逆になったものがあります。例えば、現在は「ケンコウ（健康）」という漢語を使っていますが、明治期には「コウケン（康健）」という漢語も使われていました。そういうことがあるので、「リレイ（悧怜）」という漢語がかつてあった可能性はゼロではありません。しかし、現在出版されている最大規模の漢和辞書である『大漢和辞典』には「悧怜」という漢語は載せられていません。それどころか、「悧」の字は見出しにはなっていますが、そこには「俐に同じ」と書いてあるだけです。「俐」のところをみると「さかしい。小りこう」と書かれていますが、漢語「俐怜」は載せられていません。

　現在出版されている文庫本、例えば『小川未明童話集』（新潮文庫）では「りこうな」となっています。「悧怜」は誤植だったのでしょうか。しかしまたよく調べてみると、泉鏡花「婦系図」の中に「はじめから悧怜《りこう》でないのは知れてるんだ」とあります。こういう例があることからすると誤植ではない可能性がでてきます。誤植でなければ発見です。誤植か？　発見か？　こういうことを考えていると寝られなくなりそうです。

44　八面玲瓏と八方美人

筆者が生まれた一九五八年の九月七日に、小津安二郎の監督作品としては初のカラー映画「彼岸花」が公開されています。この作品の原作は、小津安二郎と親しかった小説家里《さと》見弴《みとん》（一八八八〜一九八三）が書いています。その里見弴の『大道無門《だいどうむもん》』（一九二七年、改造社）の「首途《かどで》」の章の冒頭にちかいあたりに次のようなくだりがあります。かなづかいなどは調整して引用しましょう。ちなみにいえば、この『大道無門』は小村雪岱《こむらせったい》が装幀を担当していて、きれいな本です。

> いかんせん、永いあいだ忘れ果てていたそういう静かな生活では、有繋《さすが》世に聞えた八《はち》面玲瓏《めんれいろう》の才弁も、決してそう潑剌とはしなかった。（三八二頁）

「八面玲瓏」は現在ではあまり使わないかもしれません。「玲瓏」はもともと玉《ぎょく》などが透き通って美しく光り輝くさまをいう語でしたので、「八面玲瓏」の語義としては、まずは〈どの方面から見ても美しい〉ということで、そこから転じて〈誰に対しても交際ぶりが円満で巧み〉という語義をもつようになりました。右はこの語義で使われていると思われます。基本的に、あまり否定的なニュアンスは含まれていません。

この「八面玲瓏」は中国で使われていることがわかっていて、日本では十三世紀、鎌倉時代に使われていたことが確認できます。この語と似た語義をもつ語に「八方美人」があります。こちらは現在も使っているので、ニュアンスはわかると思いますが、〈誰からも悪く思われないように、そつなくふるまうこと〉あるいはそのようにふるまう人のことですね。八方どこからみても難点がないということです。こちらはどちらかというと、いい意味では使われないですね。「あなたは八方美人ですね」と言われたら、「あら、そんなに美しいかしら」と喜んでいてはだめです。

　里見弴はやはり昭和二（一九二七）年にプラトン社から出版した『今年竹』においては、「これア、森本君《もりもとくん》はなか〳〵八方美人《はうびじん》だ。とても隅《すみ》にやアおけんわい」（五十六頁）と、「八方美人」を使っています。

「八方美人」は明治期よりも前の使用が確認できていないので、英語などからの翻訳ではないと考えるのが自然でしょう。ラテン語では「みんなの友は誰の友でもない」（Amicus omnibus amicus nemini.）、英語も「誰でもが友なら友はいない」（A friend to everybody is a friend to nobody.）です。

45 江戸パロディ本の世界

ことばであそぶ⑤

最初の勅撰和歌集といえば『古今和歌集』。紀貫之による「仮名序《かなじょ》」「やまとうたは、人の心をたねとして、よろづの言の葉とぞなれりける」が附されています。さて、時は変わって江戸時代、いろいろなことを茶化したおす「パロディの世紀」に、『吾吟我集《ごぎんわがしゅう》』という十巻二冊の狂歌集が慶安二（一六四九）年頃につくられ、出版されています。作者は石田未得。序文には「やま田歌は人のとるさなへをたねとして、あまたの稲のことの葉とぞなれりける」とあります。まあ一応、紀貫之の「仮名序」をもじってはいますが、特別できがよいようにもみえませんけれども（笑）、とにかく『古今和歌集』のパロディ本です。「コキンワカシュウ」の三箇所を清音から濁音に変えて「ゴギンワガシュウ」としたセンスはなかなかものといってよいでしょう。清音を濁音に変えると、まったく違う語になることがあります。古くから知られているものに「刷毛《はけ》に毛があり、禿《はげ》に毛がなし」という成句がありますが、「ハケ」と「ハゲ」をうまく組み合わせていますね。

さて、寛永十七（一六四〇）年以前に成立したと考えられている『仁勢物語《にせものがたり》』という仮名草子があります。わざわざいうのも野暮な感じがしますが、『伊勢物語』をもじった書名です。「むかし男」ならぬ「おかし男」が登場して、雅びやかな世界を江戸時代的な卑俗な世界に置き換えています。『伊勢物語』の冒頭は「昔、男、初冠《ういこうぶり》して、奈良の京《みやこ》、春日の里に知るよしして、狩に往《い》にけり」ですが、『仁勢物語』の冒頭は「おかし男、ほうかぶりして、奈良の京、春日の里へ酒飲みに行きけり」です。

中国、明《みん》の李攀竜《りはんりよう》が唐の詩を集めて『唐詩選』という書物をつくりました。中国では必ずしも高く評価されたわけではないのですが、日本では受け入れられ、ハンディなかたちで出版された『唐詩選』は繰り返し印刷され出版されたことがわかっています。さて、それだけはやると、パロディ本も生まれます。大田南畝《おおたなんぽ》＝四方山人《よもさんじん》は、『唐詩選』に収められている七言古詩のパロディを集めた『通詩選《つうしせん》』をつくって天明四（一七八四）年に出版します。

「イセモノガタリ」と「ニセモノガタリ」との関係は、前者の［i］を後者では［ni］に変えたのですから、母音［i］に子音［n］を加えています。「トウシセン」と「ツウシセン」との関係は「ト」と「ツ」ですから、母音を［o］から［u］に変えたことになります。つまり「母音交替」ですね。パロディもことばと結びついていることが多いのです。

46　七月六日は何の日？

七月六日は何の日だかわかるでしょうか。「一九五七年に、ジョン・レノンとポール・マッカトニーが出会った日！」コアなビートルズ・ファンですね。同じ日に、東京谷中の天王寺の五重塔が放火心中により焼失しています。北原白秋は現在の朝倉彫塑館の隣に住んでいたことがありました。「寛政二（一七九〇）年に寛政異学の禁が始まり、昌平坂学問所で朱子学以外の学問の教授が禁じられた日！」歴史にお詳しい。

いろいろなことがあった日ですが、次のような短歌があります。

「この味がいいね」と君が言ったから七月六日はサラダ記念日

俵万智『サラダ記念日』（一九八七年、河出書房新社）はおそらくもっとも売れた歌集でしょう。『サラダ記念日』には佐佐木幸綱の跋文がついていますが、そこには「俵万智の歌は歌壇の話題をさらった。さらに、新人類とかライト・ヴァースとか、ちょうど頃合の流行語等と出会うという巡り合わせもあって、話題の輪は歌壇の外側へも広がっていった」とも書かれています。「新人類」という語は今ではほとんど聞かれなくなりました。しかし、「ライト・ヴァース」はさまざまにかたちを変え、模索を重ねて、現在では確実に位置を得ているように思います。

砂浜のランチついに手つかずの卵サンドが気になっている

思い出の一つのようでそのままにしておく麦わら帽子のへこみ

ライトの対義語はヘビーですから、「ヘビー・ヴァース」という語もあります。「ライトな奴だ」と言われたくないかもしれませんが、詩歌においては「軽い」ということは大事なことです。なぜ「卵サンド」を食べてくれないのだろう。そういう小さな疑問、気づきが短歌によって表現できる。「麦わら帽子のへこみ」も「思い出の一つ」になる。今年の夏はそんな大事な夏だった、そういう気持ちを短歌で表現できるのはすばらしいことです。

歌集が出版されてから三十三年が経っています。出版された時には、絶賛する人もいれば、否定的な人もいました。しかし、今改めて作品をよんでみると、ここから一つの短歌のかたちが始まっていたように感じます。それをなんと呼ぶのがふさわしいのでしょうか。夏のような明るさ、あるいは軽さでしょうか。積極的な軽さ、「重さ」をすり抜けていく、重力に反発するような軽快な心でしょうか、そういうものを強く感じます。

47 べんきょうしまっせ！

中村正直が翻訳した『西国立志編』は明治期に多くの人に読まれました。次頁の図は、明治四（一八七二）年に木版印刷（整版印刷）十一冊で刊行された、『西国立志編』第一編の第四「邦国の盛衰」の冒頭部分です。振仮名をいったん省いて、わかりやすく「翻字」しておきましょう。

　邦国ノ昌盛ハ、人民各自勉強ノ力ト正直ノ行ヒトノ総合セルモノナリ。邦国ノ衰退ハ、人民各自懶惰ニシテ自ラ私クシシ、及ビ穢悪ノ行ヒノ集合セルモノナリ。

「邦国（ホウコク）」は〈国・わが国〉という語義です。左側の頁の三行目の一番下「漸」には右側に「ヤウヤ」と振仮名がついていますが、左側に振仮名がついていることが少なくないですね。現在は振仮名そのものが一般的にはあまり使われていませんが、使う時は右側につけますよね。まず、明治期には右側だけではなく、左側に振仮名をつけることがあったということに注目しておきましょう。左側の頁の九行目では「崇」の右側に「タカフ」、左側に「マシ」と振仮名がつけられています。なんと、左右両方に振仮名がつくこともあったわけです。本書の中にも一箇所だけ左右に振仮名がついているところがありま

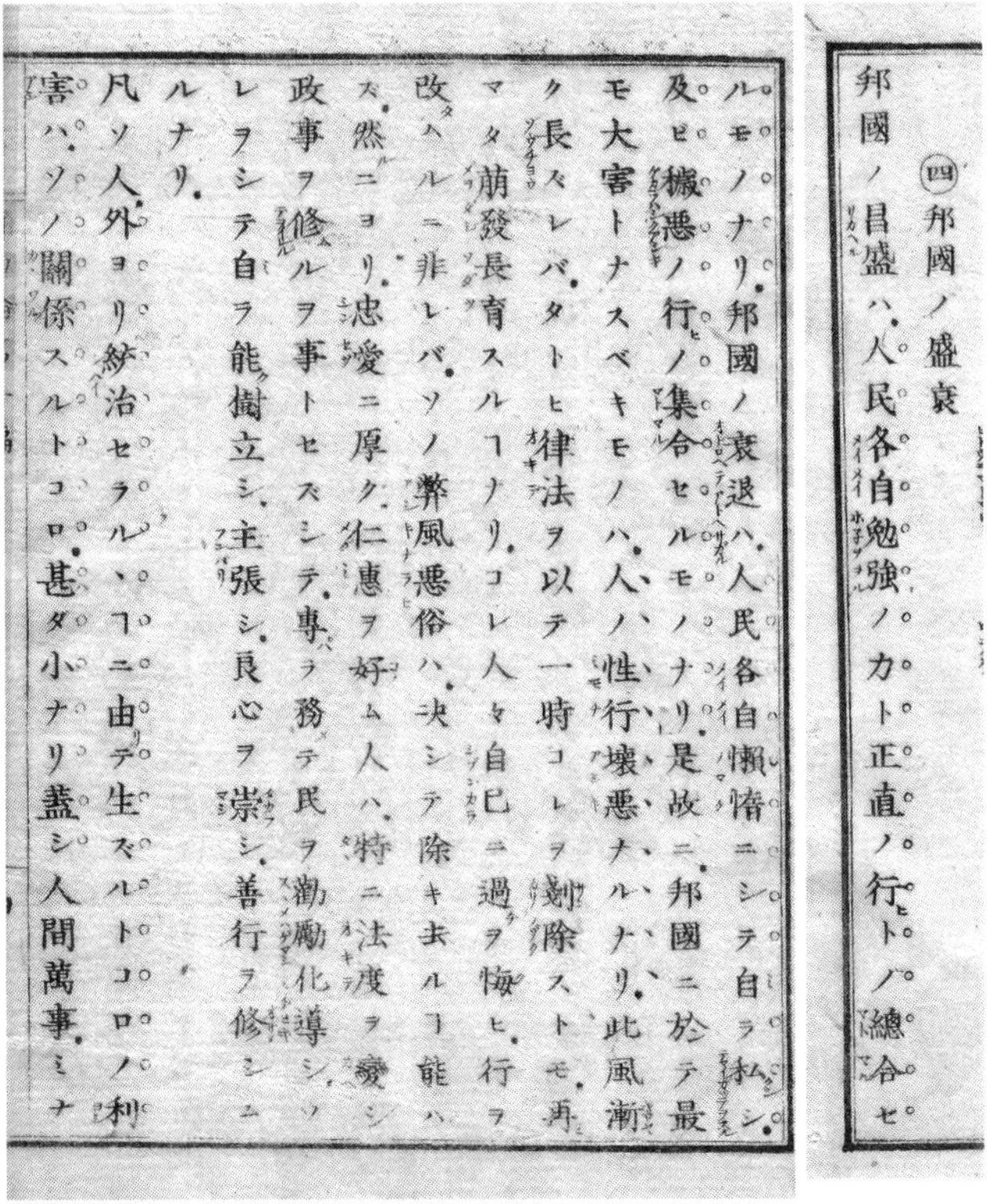

(四)邦國ノ盛衰
邦國ノ昌盛ハ、人民各自《メイメイ》勉強ノ力ト正直ノ行《ヒ》トノ總合セ

ルモノナリ。邦國ノ衰退ハ、人民各自《メイメイ》懶惰ニシテ自ラ私シ、及ビ穢悪ノ行《ヒ》ノ集合《マトマル》セルモノナリ。是故ニ、邦國ニ於テ最モ大害トナスベキモノハ、人ノ性行壊悪ナルナリ。此風漸ク長ズレバ、タトヒ律法《オキテ》ヲ以テ一時コレヲ剗除ストモ、再ビマタ萌發長育スルコトナリ。コレ人々自己ニ過《アヤマチ》ヲ悔ヒ、行ヲ改《アラタ》ムルニ非レバ、ソノ弊風悪俗ハ、決シテ除キ去ルコト能ハズ。然ルニヨリ、慈愛ニ厚ク、仁恵ヲ好ム人ハ、特ニ法度《オキテ》ヲ變ジ政事ヲ修《オサ》ムルヲ事トセズシテ、專《モツパ》ラ務《ツト》メテ民ヲ勸勵化導シ、ソレヲシテ自ラ能ク樹立シ、主張シ、良心ヲ崇シ、善行ヲ修シムルナリ。

凡ソ人外ヨリ紛治セラルヽコトニ由《ヨ》リテ生ズルトコロノ利害ハ、ソノ關係スルトコロ、甚ダ小ナリ。蓋シ人間萬事、ミナ

『西国立志編』(1871年)より

す（八十頁）。振仮名については一四二頁で詳しく採りあげることにします。

さて、今回話題にしたいのは、「各自勉強ノ力ト正直ノ行ヒト」という箇所の「勉強」です。左側の振仮名には「ホネヲヲル」とありますね。「ネ」は……そう、九十四頁でとりあげた「子」が使われています。漢語「ベンキョウ（勉強）」は現在では、英語でいえば「study」、〈学習〉という語義で使われることがほとんどです。しかし、もともとは〈努力をして困難にたちむかう〉あるいは〈一生懸命に物事を行なうこと・励むこと〉という語義でした。『西国立志編』にはこの語義の「ベンキョウ（勉強）」が多く使われています。そして、〈気がすすまないことをしかたなしにする〉という語義をもつようになり、さらには〈将来のために学問や技術などを学ぶこと〉〈社会生活や仕事などで修業や経験を積むこと〉という語義ももつようになりました。

本来は、こんな価格で売ったら、損になってしまうが、売る側の「企業努力」で、なんとか安く売りましょう、というのが「ベンキョウスル」ということで、いわば「比喩」的な表現ということになります。せいぜい努力して安く売るようにしましょう、が「勉強しまっせ」だったわけです。

さて、左側の頁の後から二行目の「統治」は……そう、「統」が闕字です。

48 字形から引く辞書

江戸時代には漢字に関しても、いろいろな辞書が出版されていました。図は、元禄五（一六九二）年に出版された『異体字弁《いたいじべん》』という漢字辞書です。つくったのは、和算、天文家として知られている中根元圭《なかねげんけい》（一六六二〜一七三三）という人物です。

「異体字弁」という書名からわかるように、この本は、異体字を扱った漢字辞書です。異体字については一〇六頁で採りあげました。この本は「好異門《こういもん》」「帰正門《きせいもん》」二冊に分かれています。「好異門」は標準的な字形から異体字を探すようになっていて、「帰正門」は異体字から標準的な字形＝正体から異体字を探すようになっています。図は「帰正門」の二丁裏から三丁表にかけての箇所です。

ここで気をつけておきたいのは、「正体」はあくまでも中根元圭がそう判断したということであって、漢字に関して、絶対的な「正体」というものはないと思っていたほうがいいでしょう。

図の左頁（下）には「五畫」（五画）とあります。この辞書はまず漢字の総画数を求め、同一画数の内部を、第一画目の運筆によって、「起横」「起直」「起斜」に分けています。

『異体字弁』（1692年）より

「帰正門」ですので、見出しになっている漢字は異体字です。したがって、なじみのない漢字が並んでいると思いますが、例えば、左頁の二行目、上から四つ目の「卆」は現在でもみかける字体ではないでしょうか。この字には「JIS X 0213」が「1-50-32」の番号を与えているので、パソコンなどでも表示することができます。『異体字弁』は「卆」字を「卒」の「俗（字）」と判断しています。左頁の三行目、上から五つ目には「仏」がありますね。『異体字弁』は「佛」と「同」と判断しています。「卆」も「仏」も「起斜」に分類されています。それは、「卆」の第一画が、斜めに入る画であり、「仏」の第一画が人偏の第一画、斜めに入る画だからです。

『異体字弁』の漢字検索方法は、「画数別起筆方向分類」とでもいえそうです。この検索方法は漢字の「よみ」＝音訓を使ってない点、画期的といえるでしょう。調べたい漢字の楷書体がわかっていれば検索できるからです。しかしまた、よく考えると、同じ画数で、第一画目の入り方が横の漢字、縦の漢字はそれぞれかなりの数になりそうです。この辞書は異体字の辞書であるために、探す対象となる漢字がそもそも絞られているから、こうした検索方法が成り立つということはありそうですね。それでも、漢字を形から検索するという方法は魅力的です。

49 街にあふれる変体仮名

永井荷風『濹東綺譚《ぼくとうきたん》』は昭和十二（一九三七）年四月に私家版として刊行され、同じ年に、木村荘八が挿絵を担当して『東京朝日新聞』に連載され、その後岩波書店から単行本が刊行されています。次頁の図は、昭和十二年五月二十七日の「第八ノ二」の回の挿絵です。作品で「ラビリント」（迷路）と呼ばれている界隈を「わたくし」が歩いているところですが、左には曹洞宗東清寺の山門と玉ノ井稲荷らしきものが描かれ、その反対側に「しるこ」という大きな暖簾がかかっている店が描かれています。

その暖簾の「しるこ」の「し」は「志」を、「こ」は「古」を字源とする平仮名が使われていますね。いわゆる「変体仮名」です。「変体仮名」という用語はひろく使われていますが、これは明治三十三（一九〇〇）年八月二十一日に、文部省令第十四号として出された「第三次小学校令」において、「小学校ニ於《お》テ教授ニ用フル仮名及其《およびそ》ノ字体」を「第一号表」という表によって一つに定めた時に、定めた字体ではない字体を「変体仮名」と呼んだことから始まります。ちなみにいえば「第一号表」に掲げられている平仮名、片仮名の字体は現在使用している字体と同じです。ということは、現在使っていない平仮名、

『濹東綺譚』第八ノ二より

片仮名の字体を「変体仮名」と呼ぶことはできるということになりますね。

さて、「小学校令施行規則」は小学校で教える仮名の字体を一つに絞るということだったので、八月二十二日からすぐに変わっていくということではありませんでした。明治三十三年までに平仮名、片仮名を身につけた人は、「変体仮名」も含めて、いろいろな字体の仮名を使っていたでしょうし、もしかしたらずっと使っていったかもしれません。

図のおしるこ屋は、挿絵ですから、実際にそのような暖簾を掲げた店があったかどうかわかりません。でもまああったとすれば、昭和十二年時点でも、まだ街中には「変体仮名」があったということになります。

現在は、街中でどういう文字が使われているかを観察する「文字景観研究」が行なわれています。不特定多数の人が「読み手」となる新聞や雑誌においては、どちらかといえば「ルール」が重視されます。しかし、街中では、そうした共有されている「ルール」よりも、「ルール」破りだけどおもしろい、インパクトがある、など、どちらかといえば、さまざまな「可能性」があらわれてきます。街中をそう思いながら歩いてみるのも楽しいかもしれません。そして、昭和の新聞の挿絵をそう思いながら眺めてみるのも楽しいでしょう。文字の楽しみはいろいろなところにありそうです。

50 俳句の穴埋め問題

五十九頁では芭蕉の「梅《むめ》が香《か》にのつと日の出る山路《やまじ》かな」を採りあげました。限られた言語量の中で、効果的にオノマトペを使うのは難しそうですが、今回は、オノマトペを使った俳句のオノマトペを埋める穴埋め問題を作ってみました。挑戦してみてください。

①□□□□と秋の空なる富士の山　鬼貫
②□□□□陽の中たまるのこくづ　尾崎放哉
③□□□□と積木が上に海見ゆる　河東碧梧桐
④□□□□と朝日さしこむ火燵かな　丈草
⑤蜂の尻□□□□と針をさめけり　川端茅舎
⑥□□□□とふたもと手折る黄ぎく哉　与謝蕪村
⑦□□□□と蝶あがるなり萩の中　久保田万太郎
⑧水枕□□□□と寒い海がある　西東三鬼
⑨群衆のため□□□□と花火昇る　西東三鬼
⑩稲妻や□□□□橋を渡りけり　小林一茶

⑪□□□□と要のとれし扇かな　北渚
⑫□□□□と大きくゆるく寒鴉《かんがらす》　高浜虚子
⑬笠へ□□□□椿だつた　種田山頭火
⑭大海の□□□□□と五月雨　内藤鳴雪
⑮□□□□とたゞ□□□□とやれよ春　広瀬惟然
⑯□□□□と百日紅の旱かな　正岡子規
⑰□□□□と撫子残る枯野かな　江左尚白
⑱□□として戻れば庭に柳かな　大島蓼太
⑲□□□□と眠り入るなり顔に蠅　紅緑
⑳杉垣や葵□□□□□のびて咲く　墨水

⑧はサービス問題です（笑）。この句はよく知られているのではないでしょうか。ですので、西東三鬼はもう一問作っておきました。⑮は上の四つの□と下の四つの□には同じ語が入ります。答えは二四五頁。

51 みんながやったこと①

さだかならぬ希望《のぞみ》に似たるおもひにて音《おと》の聞こゆるあけがたの雨　『寒雲』
眞夜《まよ》すでにひるを萌せる書貌のつぼみユリウス・カエサルの罪科《とが》　『青き菊の主題』
鷗外はなぜあの年に『沙羅の木』をまとめあげしか微笑《ほほゑ》みながら　『鉄の蜜蜂』
母のため青き茎のみ剪りそろえ午後の花壇にふと眩暈《めまい》せり　『血と麦』

『寒雲』（一九四〇年、古今書院）は斎藤茂吉（一八八二～一九五三）の歌集、『青き菊の主題』（一九七三年、人文書院）は塚本邦雄（一九二〇～二〇〇五）の歌集、『鉄の蜜蜂』（二〇一八年、KADOKAWA）は岡井隆（一九二八～二〇二〇）の歌集、『血と麦』（一九六二年、白玉書房）は寺山修司（一九三五～一九八三）の歌集です。

塚本邦雄の歌集は康熙字典体＝旧字体、古典かなづかいで印刷されているので、それを尊重して引用しました。筆者は、大学院生の頃に校正のアルバイトをしていて、塚本邦雄の原稿の校正をしたことがあります。その時に、「近頃は国文科の学生でも旧字旧仮名の校正がうまくできないことが多いが、珍しく間違えがなかった」と塚本邦雄が言ったということを後から聞きました。叱られなくてよかったよかった。

さて、「みんながやったこと」とは……「希望《のぞみ》」「罪科《とが》」「微笑《ほほゑ》み」「眩暈《めまい》」という「書き方」です。「読み方じゃないの？」と思った方がいると思います。これは作品の「読み手」側からは「読み方」にみえますが、「書き手」は、例えばまず「ノゾミ」という語を使おうと決めます。その「ノゾミ」を「望み」や「希み」ではなく「希望」を使って文字化しようと次に決めるわけです。だからこれは「書き方」なのです。

振仮名になって「ノゾミ」「トガ」「ホホエ（ミ）」「メマイ」はいずれも和語です。その和語を文字化するにあたって、「キボウ」「ザイカ」「ビショウ」「ゲンウン」という漢語に使われる漢字列を使ったということです。これが「みんながやったこと」です。

現在でも「泡沫《うたかた》」（「月のしずく」）「都会《まち》」（「私生活」）など、歌詞にもよく使われる「書き方」です。楽曲の場合は、声に出せば「ウタカタ」「マチ」ですから、どのように文字化されていても、同じはずですが、やはり文字化にはこだわるということでしょうか。

右には寺山修司の作品をあげましたが、寺山修司はこうした「書き方」をあまり使っていないようにみえます。「書き方」に表現を求めていなかったように感じます。どう書くか、どう文字化するかは、日本語を使って表現する上では、表現の一つの要素となっていると思われます。

52 ぴりぴりする木

節分の時に、魔除けとして、ヒイラギの小枝とイワシを門口に置く風習があります。現代でも豆と一緒にスーパーマーケットやコンビニエンスストアで売っていることがあります。

ヒイラギはモクセイ科モクセイ属に属しているので、花には、同じモクセイ属のキンモクセイと同じような芳香があります。しかし葉の縁には棘があるというか、ぎざぎざになっていて、手で触れるとちくっとします。

「トウツウ（疼痛）」という語がありますね。「疼」の字を漢和辞典で調べるとこの漢字には「うずく」とか「いたむ」という意味があることがわかります。「うずく」は〈ずきずき痛む〉ということですね。九世紀末から十世紀の初めの頃につくられたと考えられている『新撰字鏡《しんせんじきょう》』という漢和辞書でこの「疼」字を調べてみると、「比々良久（ヒヒラク）」「加由之（カユシ）」という訓を確認することができます。「カユシ」は現代日本語の「カユイ（痒）」にあたる語ですが、「ヒヒラク」の意味は〈ひりひり痛む・ずきずき痛む〉です。現代日本語では、「ヒリヒリ痛む」とか「ズキズキ痛む」というように、動詞とともにオノマトペ（＝擬声・擬態語）を使って表現するような「事態」を、動詞一つで表現する「ヒヒラク」という語があったのです。

「アルク（歩）」という動詞の連用形「アルキ」は名詞になります。これと同じように「ヒヒラク」という動詞の連用形「ヒヒラキ」は〈ひりひりした痛み・ずきずきした痛み〉という意味の名詞になります。これが「ヒヒラキ」です。葉に触れると、手が痛い。つまり手がヒヒラク木は「ヒヒラキ木」という語になるはずですが、「ヒヒラキ」の「キ」が〈樹木〉という意味の「キ（木）」と重ね合わされると、「ヒヒラキ」となります。

現在は「ヒヒラキ」ではなく「ヒイラギ」と発音しています。これは西暦千年頃に日本語に起こった「ハ行転呼音《てんこおん》」と呼ばれる音韻変化（一一一頁参照）によって、語の中にある「ヒ」音が「イ」音に聞こえるようになって、「ヒイラキ」となり、その後に「キ」が「ギ」に変わったと思われます。「ヒイラキ」の「キ」は〈樹木〉という意味の「キ（木）」ではなかったのですが、そこに「木」を見つけてしまうのも、言語を使っている人間のおもしろさです。言語学ではこのような現象を「異分析（metanalysis）」（一〇九頁参照）と呼んでいます。言語は人間が使うものだから、というと言い過ぎかもしれませんが、わりきれない面もあって、そこも楽しみたいと思います。

53 トンビは「トロロ」と鳴く？

おそらく明治期に出版されたと思われる「新作なぞづくし」という、現在でいえば六頁ぐらいの小冊子があります。「あんどんとかけて」「たくあんととく」「心はくれにつける」という形式の謎々を集めたものです。「アンドン（行燈）」は日が暮れてくるとつける。「タクアン」は一年の暮れに漬けるということで、両方とも「くれにつける」ということですね。

今でいえば、差別的な語が使われているもの、女性蔑視的な内容等々、ちょっとここには書けないような内容の謎々も多いのですが、その中に「なかないとんび」（とかけて）「くさつたつくいも」（ととく）「心はとろゝもできぬ」という謎々があります。「つくいも」はツクネイモのことで、とろろ料理に使いますね。それが腐っているので、とろろ料理が作れない、これはわかるのですが、鳴かないトンビと「とろろ」はどうつながるのでしょうか。これはどうしても、「とろろ」がトンビの鳴き声でないと謎々が成立しないように思います。

現在であれば、トンビの鳴き声は「ピーヒョロロ」と聞いていますね。「聞いている」

というのは、トンビの鳴き声を日本語の仮名で書きあらわせるような音としてとらえているということです。そうなると、聞き方によって、鳥の鳴き声もいろいろになってくる可能性があるわけです。

さて、十返舎一九（一七六五〜一八三一）の代表作といってもよい『東海道中膝栗毛』二編下の丸子宿《まりこのしゅく》のくだりでは、茶屋の夫婦が喧嘩をする場面があります。その場面で北八が、「とろろ汁で一首詠みやした」と言って、「喧嘩する夫婦は口をとがらしてとんびとろゝにすべりこそすれ」という和歌を詠む。〈喧嘩をする夫婦は口をとがらせて、とろろ汁で滑ってころんだ〉という、まったくもってたわいのない内容の和歌ですが、ここに「とんびとろろ」とあり、トンビの鳴き声を「トロロ」と聞くことが江戸時代にはすでにあったことがわかる。トンビが「ピートロロ」と鳴くということで、ちょっとのどかな感じになるかもしれません。

丸子宿の名物はとろろ汁で、歌川広重が「東海道五十三次」に描いた丁子屋は現在も営業を続けています。また、松尾芭蕉にも「梅若葉丸子の宿のとろろ汁」という句があります。

54 昔の名前では出ていません

石原裕次郎とともに日活映画の黄金時代を築いた小林旭が一九七五年一月に発表した「昔の名前で出ています」というタイトルのシングルレコードがあります。シングルレコードといっても、もはや「何それ?」という感じでしょう。これも気にせずいきます。

今回はその「昔の名前」を話題にしたいと思います。例えば、『広辞苑』第七版で、「かえるで【蛙手・鶏冠木・楓】」という見出しを調べると、「(古くはカエルテ。葉の形がカエルの手に似るからいう) カエデの古名」と説明されています。この「古名《こめい》」が「昔の名前」ですね。

「カエデ」に馴れてしまうと、それが「昔の名前」をもっていることには気づきにくいですね。「カエデ」はずっと「カエデ」だったと自然に思います。しかし、そうではなかったのですね。カエデは葉がカエルの手みたいな形をしているから、もともとは「カエルテ(蛙手)」だったわけです。「カエルテ」からどういうプロセスを経て「カエデ」になったかというと、筆者が推測するに、「カエルテ」はまず「カエルデ」になったはずです。濁音の前には軽い撥音が入ることがあるので、「カエルンデ」のような発音を経て、「ルン」

が「ン」になって「カエンデ」。撥音が結局はずれて、「カエデ」となったのではないかと思います。「グンマ（群馬）」も「昔の名前」は「クルマ」でした。「クルマ」「クンマ」「グンマ」ですね。「カナ」は「仮名」と書きますが、「カリナ」が「カンナ」に変化して、「カンナ」になり、その撥音がはずれて「カナ」になったと考えられています。ラ行音が撥音化して、それがはずれるという変化ですね。「ワタドノ（渡殿）」もおそらくはもともとは「ワタリドノ」で、それが「ワタンドノ」になって、「ワタドノ」になったのでしょう。

なんだか騙そうとしているような感じになっているかもしれませんが、だいたい右のようなプロセスだろうと思われますし、ラ行の音が脱落したと思われる例は他にもあります。例えば、医者にあたる語は「クスシ」です。これは「クスリシ」の「リ」が脱落したと考えられています

ここまで述べてきたような変化は、起こってしまうと元に戻ることは通常はありません。ですから、「昔の名前で出ています」ということは、……言語においてはないことになります。

55 秋の七草・葛

『万葉集』巻第八に収められている山上憶良の「秋の野に咲きたる花を指《および》折りかき数ふれば七種《ななくさ》の花」（一五三七番歌）、続く「萩の花尾花葛花なでしこが花をみなえしまた藤袴朝顔が花」から、萩、芒《すすき》（＝尾花）、葛の花、なでしこ、おみなえし、藤袴、桔梗《ききょう》（＝朝顔）が秋の七草とされています。現在は「ユビ（指）」という語を使いますが、古くは「オヨビ」という語もあったことがわかっており、右の歌では、「五拍」であることを前提として「オヨビ」であろうと考えられています。

萩、ススキ、ナデシコ、キキョウはわかるでしょうか。

向島百花園の「萩のトンネル」が奇麗に咲いていることが、毎年十月の初旬頃に新聞（東京版）に報じられます。葛の花、オミナエシ、フジバカマは、植物が好きな方はわかるでしょう。秋に、山道を歩いていると、足元に葛の花の紫色の小さな花びらが落ちていることに気づきます。

葛の花踏みしだかれて色あたらしこの山道を行きし人あり　釈迢空

幾たびかこの道来つつ葛の花咲き散らふまで山にこもりぬ　斎藤茂吉

葛の花も十月初め頃まで咲いていますね。葛の花を詠み込んだ俳句も少なくありません。

葛花や何を尋ねてはひまはる　　正岡子規

新しき葛の落花に佇みぬ　　星野立子

兎跳ね犬をどり入る葛の花　　水原秋桜子

葛を見た方はわかると思いますが、つるが他の植物などに巻き付いてどんどんひろがっていきます。

古くから、根に含まれるデンプンを「葛粉《くずこ》」として利用しています。葛粉を湯で溶かしたものが葛湯で、葛粉を使って、葛きりや葛餅が作られます。また、葛の根は、「葛根《かっこん》」という薬物としても利用されています。葛根湯というのがありますよね。

葛の茂みの中でウサギが跳ね、犬が飛び入るのでしょうか。なんだかにぎやかですね。

葛の葉は裏側が白いので、風などで葉が翻って、葉裏がみえることを「葛の裏見《うらみ》」といい、和歌では「恨み」にかけて詠まれています。

秋風の吹きうらかへす葛の葉のうらみてもなほ恨めしきかな　　平貞文

56　漢数字は漢字じゃない？

夏目漱石の『道草』は大正四（一九一五）年六月三日から九月十四日まで『朝日新聞』に連載されています。図は筆者が所持している単行本『道草』第三版の一二八頁です。初版は大正四（一九一五）年十月十日に岩波書店から発行されています。十月十三日には再版が、十月十五日には第三版が発行されているので、短期間のうちに刷りを重ねていることがわかります。

筆者が所持しているこの第三版の奥付には「金壹圓八拾錢」という紫色のスタンプがおしてあります。もともと印刷されていた定価の上には白い紙が貼られているので、どうみても価格を変更しています。紫色のスタンプの下には「改正定價」というスタンプもみえているのですが、定価そのものは重なってしまっていて読むことができません。売れ行きがいいので、値上げしたのでしょうか。

さて、今回の話題は値上げのことではありません。図をよく見てください。漢字に振仮名が施されていますね。振仮名用の大きさの活字が「ルビー」と呼ばれることがあったことから、振仮名のことを印刷業界で「ルビ」と呼ぶようになりました。印刷されているす

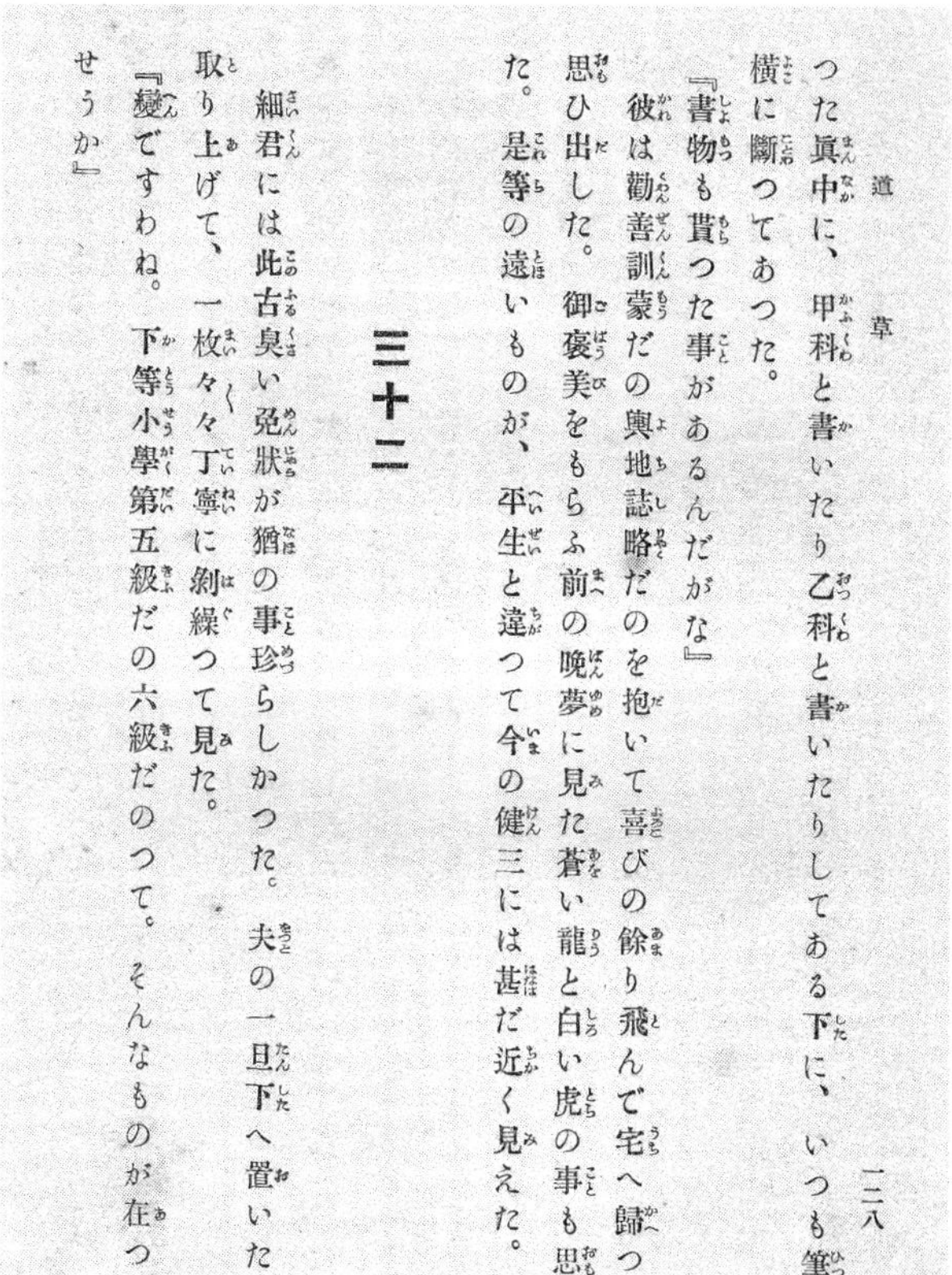

つた眞中《まんなか》に、甲科《かふくわ》と書《か》いたり乙科《おつくわ》と書《か》いたりしてある下《した》に、いつも筆墨紙《ひつぼくし》と横《よこ》に斷《ことわ》つてあつた。

『書物《しよもつ》も貰《もら》つた事《こと》があるんだがな』

彼《かれ》は勸善訓蒙《くわんぜんくんもう》だの輿地誌略《よちしりやく》だのを抱《だ》いて喜《よろこ》びの餘《あま》り飛《と》んで宅《うち》へ歸《かへ》つた昔《むかし》を思《おも》ひ出《だ》した。御褒美《ごはうび》をもらふ前《まへ》の晩《ばん》に夢《ゆめ》に見《み》た蒼《あを》い龍《りう》と白《しろ》い虎《とら》の事《こと》も思《おも》ひ出《だ》した。是等《これら》の遠《とほ》いものが、平生《へいぜい》と違《ちが》つて今《いま》の健《けん》三には甚《はなは》だ近《ちか》く見《み》えた。

三十二

細君《さいくん》には此古臭《このふるくさ》い免状《めんじやう》が猶《なほ》の事《こと》珍《めづ》らしかつた。夫《をつと》の一旦《たん》下《した》へ置《お》いたのを又《また》取《と》り上《あ》げて、一枚《まい》々々丁寧《ていねい》に剝繰《はぐ》つて見《み》た。

『變《へん》ですわね。下等小學第五級《かとうせうがくだいごきふ》だの六級《きふ》だのつて。そんなものが在《あ》つたんでせうか』

『道草』（1915年）より

べての漢字に振仮名を施すことを「総ルビ」と呼びます。明治期には「総ルビ」で印刷出版されている書物が少なくありませんでした。

今、「すべての漢字」と述べましたが、図をよくみると振仮名が施されていない漢字がありますね。六行目の「健《けん》三」、八行目の「一旦《たん》」、九行目の「一枚《まい》」、十行目の「第《だい》五級《きふ》だの六級《きふ》」の漢数字には振仮名が施されていません。もしも「すべての漢字に振仮名を施す」印刷方式を「総ルビ」と呼ぶのであれば、漢数字は漢字とみなされていなかった＝振仮名を施す対象と思われていなかった、ということになります。

しかしまた、『道草』全体をよくみると、「一人《ひとり》」や「七《な》つ」、「三味《しやみ》線《せん》」といった語では、「一」「七」「三」に振仮名が施されています。これらの語の場合は、漢数字が「イチ」「シチ」「サン」という漢語の数詞と対応していません。つまり、「イチ・ニ・サン・シ・ゴ・ロク・シチ・ハチ・キュウ・ジュウ」のような「よみ」をする場合には、振仮名が施されていないことになります。そして、こうした認識、習慣は大正期に限らず、明治期にも昭和期にもみられます。

じゃあ「健三」は？　ということになりますね。「ケンゾウ」は人名ですし、「サン」じゃないんだから、振仮名を施してもよいはずですが、そうはしていません。それだけ、漢数字に振仮名をつけない、という認識、習慣が根強かったのでしょう。おもしろい現象ですね。

57 明治のハイブリッド辞書

辞書は時代の要請にしたがって、形を変えていくことがあります。現在出版されている国語辞書には漢和辞書的な情報を合わせ持っているものが少なくありません。あるいは、漢和辞書が現代中国語の情報を合わせ持っていることもあります。昭和三十（一九五五）年に十円と二十円で発売された「アーモンドグリコ」のキャッチフレーズは「一粒で二度おいしい」ですが、こうした辞書はさしずめ「一冊で二冊分」（にちかい）ということでしょう。異なる辞書を合わせているという意味合いで「ハイブリッド辞書」と呼んでもいいかもしれません。

さて、図は明治二十六（一八九三）年二月に出版されている、鈴木音彦編輯『漢語《かんご》早引《はやびき》広益《こうえき》無双《むそう》玉編《ごくへん》』です。「玉編（篇）」は中国でつくられた漢字辞書の名前です。この辞書は、上部に発音のいろは順で漢語を並べ、その下に部首の画数順に漢字を並べ収めています。漢和辞書に漢語辞書が附録されているといってもいいかもしれません。明治期にはこのように、漢和辞書に漢語辞書を合わせたかたちのハイブリッド辞書が出版されていました。

漢字辞書は、漢字一字（＝単漢字）について、形を示し、発音を示し、意味＝義を示す

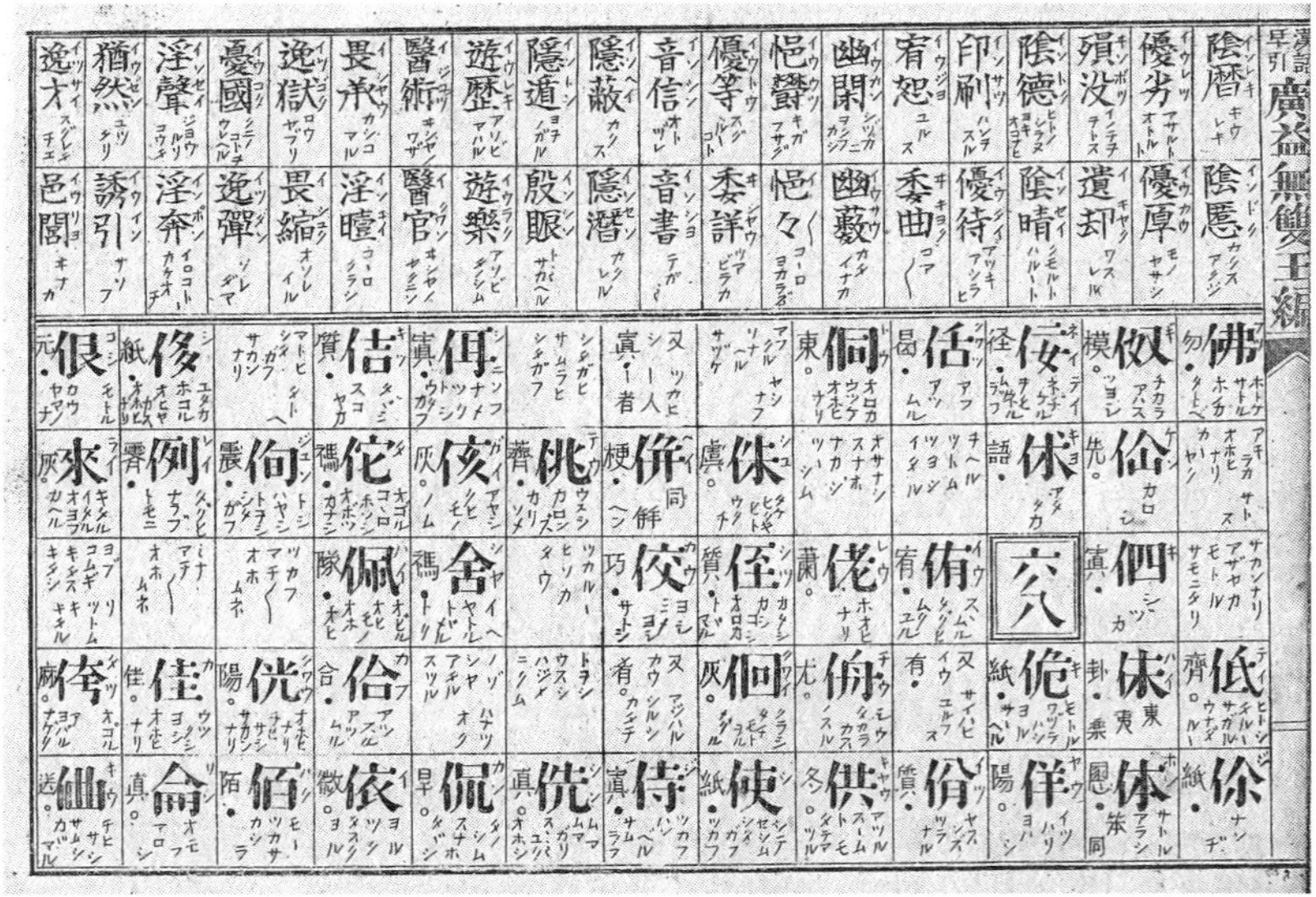

『漢語早引広益無双玉編』（1893年）より

というかたちが一般的です。そうした漢字一字ごとの「情報」ももちろん大事ですが、日本語の中で、漢字が使われるのは、漢語を書く時が多いわけです。和語も漢字で書きますが、やはり漢語を書く時にはほとんどの場合漢字が使われます。そうなると、漢字一字ごとの「情報」を積み重ねていくよりも、漢語全体の意味がわかればいいということもでてきます。そうした必要にこたえるために、明治二十年頃までは、漢語のみを見出しにした「漢語辞書」がずいぶん多く出版されています。明治期は、明治三十年頃までは、漢語がたくさん使われていました。

図の上部をみると、「優厚　モノヤサシ」「殞没　イノチヲヲトス」「畏承　カシコマル」「邑閭　ヰナカ」など、現在はほとんど使っていないような漢語があげられていますね。これらの漢語は、中型の国語辞書である『広辞苑』第七版も見出しにしていません。それはつまり、現在は使われていないということと思ってよいと思います。

漢和辞書の部分をみると、一つ一つの漢字にずいぶん多くの和訓があることがわかると思います。この辞書は銅版印刷されているので、よみにくい箇所もありますが、例えば最終行二字目の「來」には「キタル」「イタル」「オヨフ」「カヘル」「ヨブ」「コムギ」「キタス」「キタシ」「リ」（？）「ツトム」「キ」「キタル」とあります。「コムギ？」と思った方がいるでしょう。実はこの字はもともと〈小麦〉という意味をもっているのです。

58　みんながやったこと②

青黒い混凝土《コンクリート》の壁で囲まれた二間四方ばかりの部屋である。（「ドグラ・マグラ」）

そして、本館は水松《いちい》の苅込垣《かりこみがき》で繞らされ、壁廓の四周《まわり》には、様々の動物の形や頭文字を籬状《まがきがた》に苅り込んだ栂《つげ》や糸杉の象徴樹《トピアリー》が並んでいた。（「黒死館殺人事件」）

吊下げ燈《リユストル》がほどよく明るんで、俄かにさまざまな人影が浮かびあがる。（「虚無への供物」）

「ドグラ・マグラ」は夢野久作（一八八九〜一九三六）が大正末年から昭和五（一九三〇）年にかけての頃に完成させ、昭和十（一九三五）年に松柏館書店から刊行した作品です。また「黒死館殺人事件」は、雑誌『新青年』の一九三四年四月号から十二月にかけて連載された小栗虫太郎（一九〇一〜一九四六）の作品で、一九三五年五月に新潮社から単行本として刊行されています。「虚無への供物」は塔晶夫名義で一九六四年に単行本として講談社から刊行された中井英夫（一九二二〜一九九三）の作品です。この三作品は「日本の三大奇書」と呼ばれることがあります。

さて、今回の「みんながやったこと」は外来語を漢字で文字化したことです。ただし、少し「変化球」でもあります。例えば、「索引《インデックス》」であれば、振仮名となっている外来語と漢字列「索引」との結びつきは比較的安定しているといえるでしょう。「安定」を証明することは実はむずかしい面もありますが、そのように考えておくことにしましょう。

「混凝土《コンクリート》」の場合、振仮名の「コンクリート」は〈セメントと砂、砂利を水で混ぜ合わせた物〉という意味の英語「concrete」です。その「コンクリート」を「混凝土」と文字化しているわけです。「混」には「コン」という音《おん》があり、〈混ぜる〉という意味があります。「凝」には〈固める〉という意味があり、「土」には「ト」という音があるので、「混凝土」は「コンクリート」を表意・表音かねて文字化しているともいえます。

「黒死館殺人事件」の作者である小栗虫太郎は、ペダントリー（衒学趣味）という語で語られることが多いですね。表記にも凝っていることはすぐにわかります。「トピアリー（topiary）」は西洋庭園で、常緑樹や木を刈りこんで鳥や動物や幾何学模様をかたどる造形物のことです。しかし、訳語が定着していないので、「象徴樹」は虫太郎が考案した書き方だと考えられています。

「リュストル（lustre）」は「シャンデリア（chandelier）」にあたるフランス語で、これも「シャンデリア」という外来語を使わないための工夫かもしれません。外来語を漢字によって文字化するということで、さらに表現がひろがっていっているように感じますね。

59 タマとダマ

「濁音」は言語学の用語ではないのですが、「タ」に対して「ダ」が濁音だという感じでとらえていることと思います。さて、日本語の「アカサタナハマヤラワ」の行の中で、濁音になる行は「カサタハ」の四行だけです。「ハ」行には半濁音行「パピプペポ」もあります。

さて、日本語を大きく「古代日本語」と「近代日本語」とに分けることがあります。「古代日本語」は時代でいえば平安時代ぐらいまで、「近代日本語」は江戸時代ぐらいから始まるとみます。間の鎌倉時代、室町時代を古代日本語から近代日本語への移行期とみて、そこを「中世語」と呼ぶこともあります。その「古代日本語」の時期は、原則として、最初に濁音が位置する語はなかった、と推測されています。これは漢語などの外来語を除いた純粋な日本語＝和語についてのことです。例えば、「バラ」は純粋な日本語です。このままだと語の最初に濁音「バ」が位置していますが、もともとは「イバラ」あるいは「ウバラ」という語でした。語の先頭に「イ」あるいは「ウ」という母音があったのです。ところがそれが使っているうちにはずれてしまった。言語学では「母音脱落」と呼びますが、そういうことがおこって、濁音が最初にきたのです。

手元に国語辞書がある方は、「カサタハ」の行を調べてみてください。語の最初に濁音が位置しているのは、漢語か中国語以外の外来語がほとんどのはずです。さて、「古代日本語」はそうであったのですが、漢語を借用するようになると、漢語には語の最初に濁音が位置している語がいわばいくらでもあります。そうした漢語を純粋な日本語とともに使っているうちに、「語の最初に濁音は位置しない」というルールが次第に緩和されていったのです。

小麦粉を水に溶こうとしてかきまわしたけれども、どうしても溶けないものが底にたまってしまった。これを「ダマ」ということがあります。「タマ（玉）」に対して、困ったちゃんが「ダマ」。O脚のことを「ガニマタ」ということがありますね。あれはカニ（蟹）のような、ということで、「カニ（蟹）」に対して、「ガニ」。「ザマアミロ」。だんだんことばがわるくなってきましたが、「サマ（様）」に対して「ザマ」。みんな濁音になると、困ったちゃんやいけてないものになります。これを「濁音減価意識」と名づけた人がいます。かつて、語の最初には濁音がなかった。だから、濁音が位置している語にマイナスイメージが附加されてしまう。言語はなかなかおもしろいです。ただし固有名詞はこのこととかかわらないので、樹里（じゅり）さんは気にしないでくださいね。

60 ひとつばしの話

東京渋谷区の渋谷駅から墨田区の押上駅までを結んでいる半蔵門線という地下鉄があります。路線名は、かつての江戸城（現在の皇居）の門の一つである半蔵門から採られています。その半蔵門は、徳川家康の家臣であった服部半蔵の屋敷のそばにあったことからそのように呼ばれるようになったとのことです。

半蔵門の他に、和田倉門、桜田門、田安門、清水門、一ツ橋門などがあります。安政七（一八六〇）年三月三日に、水戸藩からの脱藩者と薩摩藩士とが大老井伊《いい》直弼《なおすけ》を暗殺した「桜田門外の変」は桜田門の外でおこったということです。

さて、一ツ橋門の「一ツ橋」ですが、これは徳川家康が江戸に入った時に、丸木の一本橋を渡したことに由来するという説があります。現代日本語では「イッポンバシ（一本橋）」という語を使っていますが、かつては「ヒトツバシ」という語を使っていたということです。

九三四年頃につくられた『和名類聚抄』では「独梁（ドクリョウ）」という漢語の見出しを「和名比度豆波之」「又一名独木橋」と説明しています。「和名」は見出しとなっている漢語に対応する日本語＝和語を示しているのですが、「万葉仮名」で書かれている「比度豆波之」は「ヒトツバシ」を書いたものと思われます。「ドクボクキョウ（独木橋）」は一本橋のことです。

また、『源氏物語』の手習巻には、「例の心弱さは、一つ橋危がりて帰り来たりけん者のやうに、わびしくおぼゆ」（＝例の気弱な性分から、丸木橋を怖がって帰って来たとかいう人のように、心細くやるせない気持ちである）というくだりがあり、「ヒトツバシ」という語が使われています。丸木橋、一本橋が怖いということですね。

ところで、横溝正史の『獄門島』では、芭蕉の「一つ家《や》に遊女も寝たり萩と月」「むざんやな冑《かぶと》の下のきりぎりす」の句と、其角の「鶯の身を逆《さかさま》に初音かな」の句とが重要な役割を果たしています。「一つ家」は〈同じ家〉と解釈されていて、芭蕉と遊女とが同じ家に泊まったと解釈されていますが、「ヒトツヤ」には〈人里はなれた山野などにぽつんと一軒だけある家。一軒家〉という意味もあります。「ヒトツヤ」をそう解釈すると、句の内容はまた変わってきて、芭蕉と遊女とは同じ家に泊まっていないことになります。「ヒトツ」は単に数が〈一つ〉という意味だけではなく、他にもいろいろな意味があります。

61　栗は西の木

元禄二（一六八九）年三月二十七日に松尾芭蕉は、門人の曽良を伴って、江戸を出立し、奥羽、北陸の名所、旧蹟や歌枕となっている土地を繞《めぐ》って、八月二十日過ぎに大垣に着きます。この二三四〇キロメートル、六百里に及ぶ旅をもとにしてつくられた紀行文が有名な「おくのほそ道」です。元禄六年頃に執筆されたと考えられています。

「月日は百代の過客にして、行かう年も又旅人也」という冒頭の一文を覚えている方もいることと思います。「夏草や兵どもが夢の跡」や「閑さや岩にしみ入蟬の声」「五月雨をあつめて早し最上川」「象潟や雨に西施がねぶの花」「荒海や佐渡によこたふ天河」など、よく知られている作品がこの「おくのほそ道」に収められています。

さて、今回はそうしたよく知られている作品ではない作品を採りあげてみましょう。

芭蕉と曽良は、四月二十日（太陽暦では六月七日）には福島県に入り、二十一日には白河の関や関山を見て、二十二日には須賀川に着きます。ここにしばらく逗留していますが、この宿の傍らに大きな栗の木があったとのことです。

栗といふ文字は西の木と書きて、西方浄土に便ありと、行基菩薩の一生杖にも柱にもこの木を用給ふとかや。

世の人の見付ぬ花や軒の栗

行基菩薩は奈良時代の僧侶で、東大寺の造営に貢献したといわれています。一切の煩悩や汚れから離れた清浄な国土が浄土ですが、それは西にあると考えられていました。「栗」という漢字を分解すると「西」と「木」とに分かれます。「西」が含まれているので、行基菩薩は杖や柱に栗の木を使ったという言い伝えがあったようです。そのことを芭蕉は書き付けた上で、「世の人の」の句を作りました。〈世の中の人がその良さを見出していないのが栗の花〉だという句です。栗の花をご存じでしょうか。細長い、すぐに花とはわからないような花です。観賞用とは……言いにくいですね。

さて、漢字を構成要素に分解することは早くから行なわれていました。「百人一首」の中に文屋康秀がつくった「吹くからに秋の草木のしをるればむべ山風を嵐といふらむ」という歌があります。〈なるほどそれで山風を嵐というのであろう〉は「山＋風＝嵐」ということなので、「西の木」と同じような感じですね。このように漢字を構成要素にする「遊び」は中国にすでにありました。そのことについては別の回に紹介したいと思います。

62 これは何辞書?

みなさんは「国語辞書」あるいは「国語辞典」をどう説明しますか? なんと、『広辞苑』には「国語辞書」という見出しがありません! 『集英社国語辞典』第三版(二〇一二年)はどうでしょう。「こくご(国語)」という見出しはありますが、そこに「国語辞書」「国語辞典」はありません。

「国語辞書」は〈国語の辞書〉でしょ? と思われるでしょう。そうです、それでいいのですが、「国語」も説明が必要になりますね。『集英社国語辞典』は「コクゴ」を「①自分の国のことば。日本人にとっては日本語」「②それぞれの国のことば」と説明しています。中国には『国語』という書物があります。魯の時代(紀元前一〇五五~紀元前二五〇年)にできたと考えられています。春秋時代の八カ国の歴史を国ごとに記述しています。ですから、この場合の「国」は中国の国ということになります。韓国語でも「国語(국어:クゴ)」という語を使いますが、この「国」は当然韓国のことです。

さて、日本において「国語辞書」といった場合、〈日本語の辞書〉ということになるでしょうが、その「日本語」をどう考えればいいでしょうか。図は、宝暦十(一七六〇)年

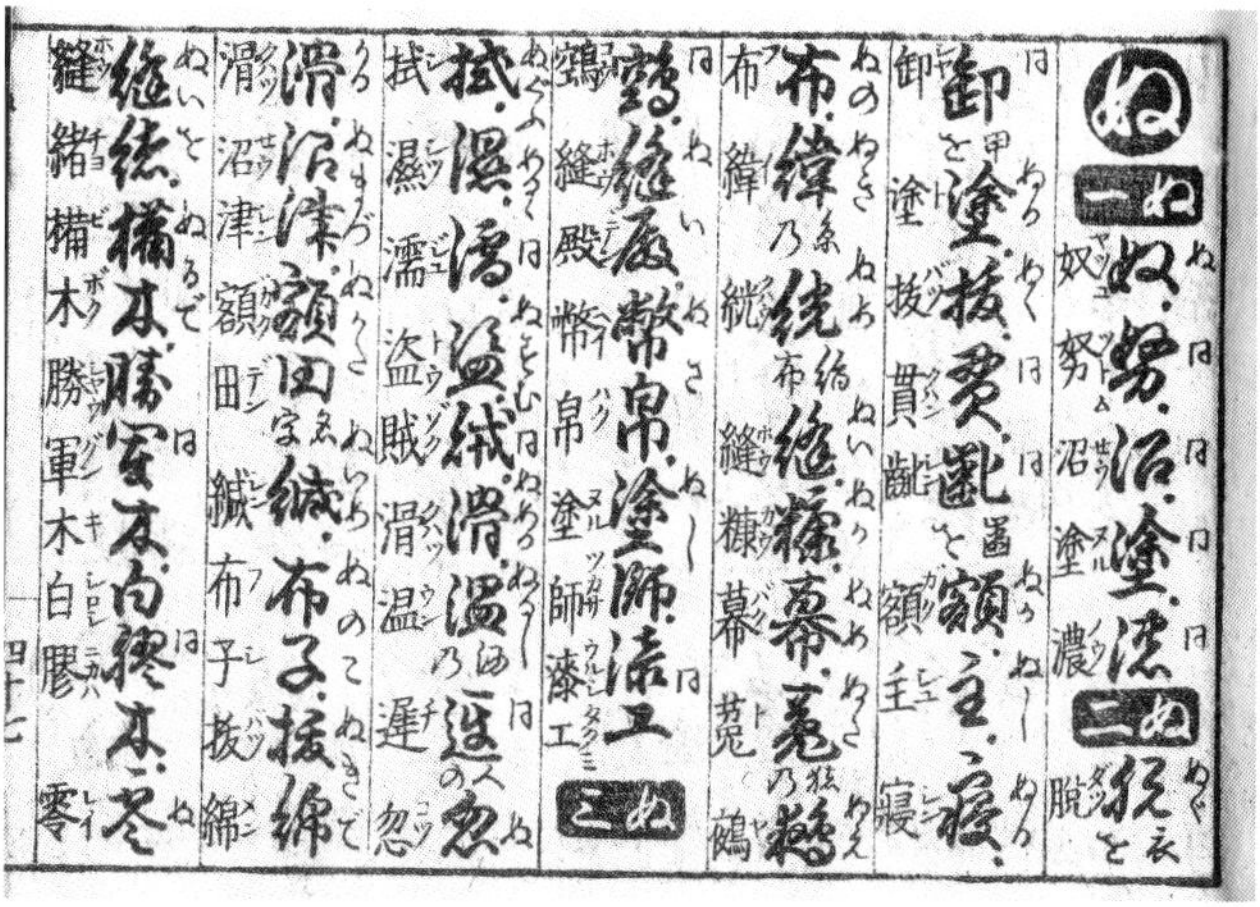

『増字百倍早引節用集』(1760年)より

に出版された『増字百倍早引節用集《ぞうじひやくばいはやびきせつようしゆう》』という名前の辞書です。「増字百倍」はまあ宣伝文句のようなものなので、「節用集」という名前の辞書の一つだと思ってください。これは「国語辞書」なのでしょうか、「漢字辞書」あるいは「漢和辞書」なのでしょうか。

「ぬ一」とか「ぬ二」とかあるのは、漢字に施されている振仮名の仮名の数ですね。「ぬ二」の最初には「脱《ぬぐ》　衣を」とあり、左側には楷書体で「脱《ダツ》」とあります。中央に大きく書かれている「脱《ぬぐ》」の漢字は行書体ですね。つまり、この辞書は行書体に楷書体が添えられています。これは手で漢字を書く時にはおもに行書体、草書体が使われていたために、もっとも使い、目にする書体を中央に置いているわけです。そして、一つ一つの見出しの意味は説明されていません。これは現在の「国語辞書」とは大きく異なる点です。後ろから二行目の二つ目の見出しは地名の「沼津《ぬまづ》」です。左側には楷書体で「沼津《セウシン》」とあります。「セウ（＝ショウ）」「シン」はそれぞれ「沼」「津」の音《おん》です。この辞書は、漢字の音と訓とをうまく示していますね。また、例えば「か四」であれば、「閑居《かんきよ》」「介抱《かいほう》」「肝要《かんよう》」「格別《かくべつ》」などの漢語が見出しとなっていて、和語も漢語も見出しになっています。つまり、この辞書では、振仮名になっている語と結びついている漢字を示しているようにみえます。「節用集」と呼ばれる、こういうタイプの辞書が、室町末期頃から江戸時代全般、明治二十年頃までは主流でした。辞書にもいろいろなタイプがあることがわかります。

63 魅惑の曼珠沙華

阿木燿子の作詞、宇崎竜童の作曲で山口百恵が歌った「曼珠沙華」という曲があります。曲名は「曼珠沙華」と漢字で書かれているのですが、曲中には「マンジューシャカ恋する女は／マンジューシャカ罪作り／白い花さえ真紅にそめる」とあって、「マンジューシャカ」ということばが使われています。

「マンジューシャカ」は古代インド語であるサンスクリット語（＝梵語）「mañjuṣaka」で、このサンスクリット語を中国語訳したものが「マンジュシャゲ（曼珠沙華）」です。天上に咲く花の名で、見る人の心を穏やかにするということです。室町時代末頃には「マンジュシャケ」という語形もあったと思われますし、「マンジュサゲ」という語形もあったと思われます。また「曼珠沙花」という書き方もあります。曼珠沙華を詠み込んだ俳句をあげてみましょう。

まんじゆさげ蘭に類《たぐ》ひて狐啼《きつねなく》　与謝蕪村
ひしひしと立つや墓場のまん珠さけ　正岡子規
曼珠沙花あつけらかんと道の端　夏目漱石

駈け来《こ》し大烏蝶《おおからすちょう》 曼珠沙華　高浜虚子

悔いるこころの曼珠沙華燃ゆる　種田山頭火

蕪村の句は、白楽天の「凶宅」という漢詩の「狐蔵蘭菊叢」（狐は蘭菊の叢《くさむら》に蔵《かく》れる）をふまえていることが指摘されています。子規はヒガンバナが墓場などに咲くことを詠み込んでいますが、ともに少し「不吉なイメージ」の句といえそうです。漱石は、花と茎だけの様子を「あっけらかんと」と表現しているのでしょう。虚子の「大烏蝶」はカラスアゲハのことでしょう。ヒガンバナにカラスアゲハが来ているのをよく見ます。山頭火は少し仏教的なおもむきでしょうか。

マンジュシャゲ（曼珠沙華）はご存じのように、秋の彼岸の頃に、道端や畦道などで、外側にそり返ったような真っ赤な花だけを地上に出して咲くヒガンバナの別名として使われています。球根には強い毒性があります。

いたみもて世界の外に佇《た》つわれと紅き逆睫毛《さかまつげ》の曼珠沙華　塚本邦雄

まんじゆ沙華さけるを見つつ心さへつかれてをかの畑こえにけり　斎藤茂吉

64　とらたぬ

「とらぬ狸の皮算用」ということわざを聞いたことがあると思います。例えば、中型辞書である『広辞苑』第七版は、このことわざの意味を「(まだ捕らえないうちから、狸の皮の売買を考えることから)不確実な事柄に期待をかけて、それをもとにした計画をあれこれ考えること」と説明しています。小型辞書である『新明解国語辞典』第八版(二〇二〇年、三省堂)は見出し「たぬき」の中で、このことわざを「自分のものにもならないうちに、それを何に使おうなどと、計画を立てること」と説明しているので、ほとんど同じ説明といっていいでしょう。

やはり小型辞書である『明鏡国語辞典』第三版(二〇二〇年、大修館書店)は「かわざんよう(皮算用)」を「まだ結果が出ないうちから、収益を得たつもりで計算すること」と説明し、さらに「『取らぬ狸《たぬき》の皮算用』の略」という説明もしています。

筆者は、〈まだとらえていないタヌキの皮がいくらになるかを計算する〉のが「とらぬ狸の皮算用」なのだから、「それをもとにしてあれこれと考えること」は「次のステップ」のように感じます。「次のステップ」は思い浮かべている場合もあるし、そこまでは考えていないということもあるように思うのですが、どうでしょうか。

さて、このことわざも明治期以前の使用例が確認されていません。『日本国語大辞典』第二版（小学館、二〇〇〇—二〇〇二年）は、このことわざのもっとも早い使用例として、里見弴の「父親」をあげています。「父親」は大正九（一九二〇）年六月に雑誌『人間』に発表されています。「また里見弴？」「里見弴はことわざ好き？」など、いろいろな疑問がわいてきます。ことわざ好きなのかもしれません。

英語には「Don't count your chickens before they are hatched.」（生まれていないヒヨコの数を数えるな）あるいは「Catch the bear before you sell its skin.」（毛皮を売る前に熊を捕らえよ）といった表現があります。「数えられません」「売れません」とツッコミがきそうですが、まあ「早まるな」ということですね。台湾には「服を作る前に襟を作る（未做衫先做領）」という表現がありますが、これも「そんなことできないでしょ」という感じですね。

他にも、「森にいる熊の皮を売る」（ルーマニア）、「熊を倒す前にその皮を売ってはならない」（フランス）、「熊を撃つ前にその皮を売るな」（ロシア）など、森林がある地域では、クマが多いようですね。

現在は懸賞情報を「とらたぬ情報」としてアップしているサイトがあるようです。懸賞にあたったら、とあれこれ考えながら見るサイトなのでしょうね。

65 ちょいとかちょっとか

表記法あれこれ⑩

「あなた。ゆつくりしてツてもいいんでせう。わたし鳥渡浴びて来ますわ。とてもたまらないの。」と亀子はかまはず紋羽二重の下袴一つになつて長襦袢を衣桁にかけると共にセルの単衣を引掛けた。

永井荷風（一八七九～一九五九）の「二人妻」の一節です。「二人妻」というと、タイトルからしてけしからん感じです。まあけしからんといえばけしからん。喜劇というなら喜劇といえるかもしれません。さて、傍線をつけた「鳥渡」ですが、これがなんと「チョット」をあらわす漢字列です。この漢字列で「チョット」をあらわしている例は江戸時代にすでにありますし、かの『言海』も見出し「ちよつと」に普通用いる漢字列として、「鳥渡」「一寸」をこの順であげ、「少シ。暫シ。チヨイト」と説明しています。漢字列を掲げる順番が大槻文彦が思う使用頻度と対応しているのだったら、明治二十四年頃は、現在使っている「一寸」よりも「鳥渡」が一般的だったのかもしれません。

この「二人妻」は大正十一（一九二二）年六月に発行された雑誌『明星』の第二巻第一号から翌大正十二年一月に発行された第三巻第一号にかけて断続的に五回にわたって掲載

されています。それが同年の六月に、「三田文学叢書」（東光閣書店）第一篇『二人妻』へ「雲」という小篇とともに収録されています。そしてさらに大正十三年には『麻布襍記《ざつき》』（春陽堂）に収められます。「三田文学叢書」にも『麻布襍記』にも振仮名が施されていません。「二人妻」は『荷風小説五』（一九八六年、岩波書店）にも収められていますが、やはり振仮名はありません。

つまり「二人妻」は振仮名がないテキストが現在まで受け継がれているのです。もちろんそういうかたちで活字化されてきているのですから、それでいいのですが、将来を考えた時に、将来この振仮名のない「本文」を、ほぼほぼでもほぼでもいいのですが、永井荷風が思ったとおりの「本文」として読者が享受することができるのでしょうか。そこには少し危惧があります。

さて、永井荷風といえば『濹東綺譚《ぼくとうきたん》』ですが、この作品には「『今年はいつまでも、ほんとに暑いな。』と云った時お雪は『鳥渡しずかに。』と云いながらわたくしの額にとまった蚊を掌でおさえた」というくだりがあります。ここではなんと「鳥渡」に「ちよいと」と振仮名がついています。「チョイト」か「チョット」か、また寝られなくなりそうです。

66 促音、そこには音がない

かはたれのロウデンバッハ芥子《けし》の花ほのかに過ぎし夏はなつかし

北原白秋（一八八五～一九四二）が大正二（一九一三）年に出版した第一歌集『桐の花』に収められている作品です。「かはたれ（カワタレ）」は「彼《か》は誰《たれ》？」ということで、そうたずねないと誰だかわからないような明け方の〈薄暗い時間帯〉のことです。「タソガレ」は「誰《た》そ彼《かれ》？」で、現在でも使う語ですが、こちらは夕方の〈薄暗い時間帯〉のことです。

「ロウデンバッハ」はベルギーの詩人、小説家のジョルジュ・ローデンバック（Georges Rodenbach 一八五五～一八九八）のことです。「バッハ」は「バ・ッ・ハ」ではなく「バッハ」という発音を書いたものとみるのが自然でしょう。「バッハ」の「ッ」にあたるところが「促音《そくおん》」です。「あたるところ」と表現したのは、そこには音がないといってもいいからです。音がないけれども、一拍にあたる。つまり、一拍分音を出していないといってもいいかもしれません。音がでていないのだから、促音から始まる語もない、とみるのが自然です。喉を締めて、「っあ」のように「ア」の前に促音的な音を出すことはできなくはないですが、普通の語ではないですよね。

「ヤハリ」という語に促音をわりこませると、「ヤッパリ」となります。「ヤハリ」と「ヤッパリ」とを比べると「ヤッパリ」は強調されているような気がしませんか。「そんなことは言われなくてもトックニやってあるよ」という時の「トックニ」のもとの語形は「トクニ（疾くに）」です。「トックニ」も強調形といっていいでしょう。

実際の音がないのですから、仮名であらわすことはできません。現在は促音を小書きした「っ」であらわしています。小書きすることによって、そこには特別な音がある、ということを示しているわけです。小さく書いてあるからといって、小さな声で「ッ」と発音するわけではもちろんありませんね。小書きの「っ」は促音をあらわす「符号・記号」と考えるのがいいでしょう。かつては小書きしない「つ」を使っていました。ただ、日本語を母語として使っている人は、「ツ」と促音とが同じ「つ／ツ」で書かれていてもほとんど迷うことはなかったはずです。

昭和六十一（一九八六）年に内閣告示されている「現代仮名遣い」においては、「促音に用いる『つ』は、なるべく小書きにする」とあります。しかし、昭和六十三年七月二十日に出された内閣法制局から出された通知では法令では「小書きにする」ことになっています。

かな／カナの世界⑤

67　赤おにの書いた字

生涯に千篇あまりの童話、童謡を残した浜田廣介《はまだひろすけ》（一八九三〜一九七三）は坪田譲治、小川未明とともに日本を代表する童話作家といってよいでしょう。「泣いた赤おに」「むく鳥のゆめ」「りゅうの目のなみだ」はよく知られていると思います。「泣いた赤おに」には次のような場面があります。

そこで、ある日、赤おにには、じぶんの家の戸口のまえに、木のたてふだを立てました。

ココロノ　ヤサシイ　オニノ　ウチデス。
ドナタデモ　オイデ　クダサイ。
オイシイ　オカシガ　ゴザイマス。
オチャモ　ワカシテ　ゴザイマス。

そう、たてふだに書かれました。やさしいかなの文字をつかって、赤おにには、ことばみじかく、書きしるしたのでありました。

「泣いた赤おに」は「おにのさうだん」（鬼の相談）というタイトルで、『カシコイ小学二年生』の一九三三年八月号から連載され、『ひろすけひらかな童話』（一九三五年、岡村書店）に収められています。浜田廣介は明治二十六年生まれです。第一次国定教科書（イエスシ読本）による小学校教育が明治三十七年四月から始まっています。この頃は小学校ではまず片仮名を学習しています。それが「やさしいかなの字」という表現になっているのだと思います。

さて、「泣いた赤おに」は平仮名に漢字を少しまじえて書かれています。みんなにわかるように「やさしいかなの文字」を使ったということはもちろんあると思います。しかし、話の最後に赤おにが読んで泣く、なかまの青おにが書いた「はり紙」もやはり片仮名で書かれています。これは、赤おに、青おに、という人間ではない登場人物（表現が矛盾してますね）が書いたものであることを同時に示しているのでしょう。

人間ではない宇宙人やロボットなどのことばが片仮名で書かれることはよくあります。それは、漢字と平仮名とを使って書く書き方を基準にした時に、片仮名によって、何らかの意味合いで「特別であること」が目立つようにしているからです。

68 メタとメタメタ

メタセコイアという樹木を知っていますか。筆者が通った大学のスロープの脇にはメタセコイアが並んでいました。メタセコイアは、日本を含めた北半球で化石として発見されていたので、絶滅した植物だと思われていたのですが、一九四六年に中国の四川省で現存が確認されました。セコイアは実際に存在していた樹木ですが、植物学者の三木茂（一九〇一～一九七四）が発見の四年前の一九四一年に、和歌山県、岐阜県から見つかった化石に、「変わった」という意味の接頭語「メタ（meta）」をつけて「メタセコイア」と命名していました。日本名はアケボノスギです。

さて、「そのデータが何をあらわしているか」という、「データに関する情報＝データ」を「メタデータ」と呼びます。この「メタデータ」がないとデジタル化された「データ」は役に立たないことがあります。この場合の「メタ（meta）」は〈超越・一段と高い階層＝高次の〉という意味ですね。同じ接頭語「メタ（meta）」に少し異なる意味があるのです。

言語に関しては「メタ言語（meta language）」があります。『三省堂国語辞典』第七版はこの「メタげんご」を独立した見出しとしていて、「ものごとではなく、ことば自体を表現したことば。高次言語」と説明し、例として「私は『さくら』というひびきが好きだ」という文を示して、この「さくら」がメタ言語にあたると述べています。さらには、「『さくら』は日本語の名詞だ」という文をあげて、この文そのものもメタ言語にあたる、と述べています。

言語について考えるためには、言語を説明しなければなりません。その説明は……といえば、言語でするしかないわけです。音楽について考える時にも説明が必要ですが、その説明は、楽器を使って音楽によって説明するのではなく、言語によって説明します。「説明しようとしているもの」が言語なのに、「説明に使うもの」も言語。うっかりすると何がなんだかわからなくなりそうですね。ここに言語学（日本語学）の難しさがあります。そこで、どうしても「メタ言語」が必要になります。しかし「メタ言語」も言語には変わらないので、あいかわらず、わからなくなる危険性はあります。対象物をもっているサクラではなく、単語としての「さくら」はメタ言語ですが、さきほどあげたような「『さくら』は日本語の名詞だ」という文はメタ言語である「さくら」をさらに説明しているので、こちらはほんとうは「メタメタ言語」（メタ言語よりも高次の言語）と呼ぶのがふさわしいでしょう。「メタメタ言語」？　もはやメタメタでわからない（笑）。

69　アナグラムを味わう

筆者は高校生の頃に、福永武彦（一九一八〜一九七九）に（今風にいえば）はまっていました。通信添削のペンネームにも福永武彦の作品名である「風のかたみ」を使っていたくらいです。福永武彦の作品を追いかけていて、「加田伶太郎《かだれいたろう》」という名前で推理小説を書いていることを知ったのもその頃だったと思います。「かだれいたろう」は「誰《たれ》だろうか」を入れ換えて作った名前だということです。福永武彦はSF小説を書く時には「船田学《ふなだがく》」という名前を使っていたとのことですが、こちらは「ふくながだ（福永だ）」を入れ換えて作られています。

このように、単語あるいは文の中の文字を入れ換えて別の語や別の文にする遊びがアナグラム（anagram）です。英語の「dormitory」（学生寮）から「dirty room」（汚い部屋）ができるなど、英語でも日本語でもさまざまなアナグラムが作られてきています。福永武彦は大学卒業後に参謀本部で暗号解読をしていたとのことなので、そうした経験がアナグラムのペンネームにも関係しているのかもしれません。

さくらももこさんの『コジコジ』に登場する「虎田進」は「ノストラダムス」のアナグ

ラムからつくられていますし、二〇〇七年に第三十五回創作ラジオドラマ大賞を受賞した「金戸美苗（かなとみなえ）」の「か」と「み」とを入れ換えたのが「湊かなえ」ということです。「みなとかなえ」から「那波戸佳恵（ななみとかえ）」や「中江戸美奈（なかえとみな）」などを作ることもできます。ちょっと「戸」が目立ちますね。

「いろは」は「いろはにほへとちりぬるを」というように覚えている方が多いと思いますが、本居宣長（一七三〇～一八〇一）が考えた「いろは歌」があります。「あめふれはゐせきをこゆるみつわけてやすくもろひとおりたちうゑしむらなへそのいねよまほにさかえぬ」（雨降れば井堰《ゐせき》を越ゆる水分けて安く諸人《もろひと》降《お》り立ち植えし群苗《むらなへ》その稲よ真穂《まほ》に栄えぬ）で、偉大なる先学さすが！　というべきか、さすがの宣長先生ももう一つというべきでしょうか。

明治三十六（一九〇三）年七月十五日に発行された『萬朝報《よろづちょうほう》』第三五四三号に、いろは四十七文字に「ん」を加えた四十八音を重複なく使った「国音《こくおん》の歌」二十編が発表されていますが、その第一等が「とりなくこゑす、ゆめさませ、みよあけわたる、ひんがしを、そらいろはえて、おきつべに、ほふねむれゐぬ、もやのうち」（鳥啼く声す夢覚ませ見よ明け渡る東を空色栄えて沖つ辺に帆船群れ居ぬ靄の中）です。これらは「いろは四十七文字」を入れ換えて作られているので、「アナグラム」の関係にあることになります。

表記法あれこれ⑪

70 書きことばは一つではない

「言文一致《げんぶんいっち》」ということばを聞いたことがあると思います。「言」すなわち「はなしことば」と、「文」すなわち「書きことば」とを一致させるということです。直線の両端に「はなしことば」と「書きことば」とが離れて存在しているという図を想定してみましょう。両方が同じだけ歩み寄って「一致」すると、一致点は真ん中になります。この場合は、「はなしことば」は「書きことば」に歩み寄り、同じだけ「書きことば」は「はなしことば」に歩み寄るということになります。両方に「変革のための努力」をしてもらうということですね。

通常いわれている「言文一致」は「はなすように書く」ということで、「書きことば」が「はなしことば」にかなり歩み寄ることによって「一致」させようとしました。「言文一致体」ということばがありますが、それは両者を一致させた、「一つの文体」ということで、直線の片側の端に想定できるような、「はなしことば」に歩み寄っていない「書きことば」も、「一つの文体」としてあいかわらず存在している、と考えるのがいいでしょう。「言文一致運動」によって、あらゆる「書きことば」が「言文一致体」になったわけ

新連載長篇探偵小說

虞《ぐ》美《び》人《じん》の涙《なみだ》（第一回）

甲賀三郎

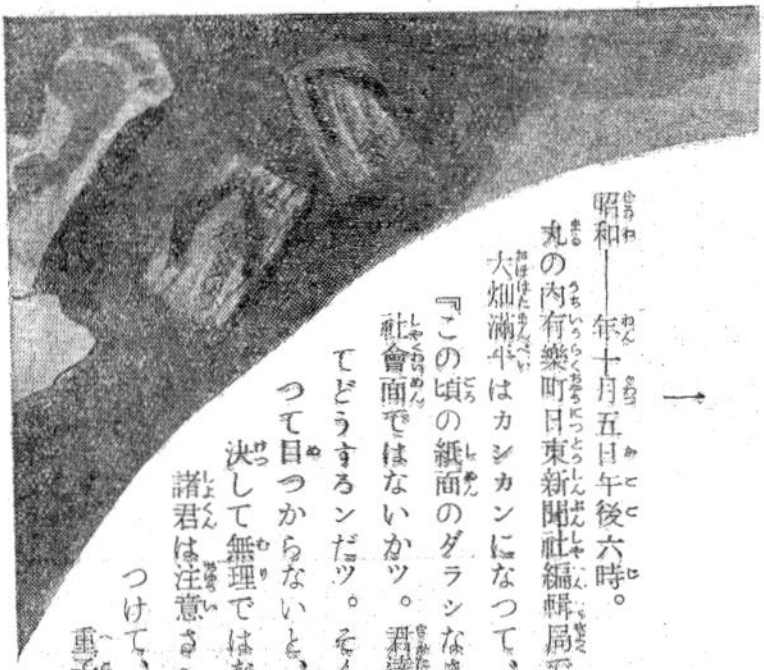

一

昭和《しようわ》——年《ねん》十月《ぐわつ》五日午後《ごご》六時《じ》。

丸《まる》の内《うち》有樂町《いうらくちやう》日東新聞社《につとうしんぶんしや》編輯局《へんしゆうきよく》で、强度《きやうど》の近眼鏡《きんがんきやう》をキラ〱光《ひか》らせて、角張《かくば》つた腮《あご》をつン出《だ》しながら、編輯長《へんしふちやう》大畑滿平《おほはたまんぺい》はカンカンになつて、怒鳴《どな》つてゐた。

『この頃《ごろ》の紙面《しめん》のダラシなさは何《なん》だ。殊《こと》に社會部《しやくわいぶ》の如《ごと》きは何《なに》をしてゐるンだツ。我社《わがしや》の誇《ほこ》りとする所《ところ》は、社會面《しやくわいめん》ではないかツ。君達《きみたち》はいふだらう、事件《じけん》がないつて。馬鹿《ばか》なツ、事件《じけん》が起《おこ》つてから後《あと》を追《お》つかけてどうするンだツ。そんな事《こと》なら誰《たれ》でも出來《でき》るぞ。何故《なぜ》諸君《しよくん》は事件《じけん》を探《さが》さないのだツ。何《なに》ツ、探《さが》したつて目《め》つからないと、馬鹿《ばか》な、探《さが》してもなければ何故《なぜ》事件《じけん》を起《おこ》さないのだツ。なにツ、無理《むり》だと、決《けつ》して無理《むり》ではないぞ。この頃《ごろ》自殺者《じさつしや》の夥《おびたゞ》しい數《すう》に昇《のぼ》つてゐる事《こと》は誰《たれ》知《し》らぬ者《もの》はあるまい。諸君《しよくん》は注意《ちゆうい》さへしてゐれば、自殺志願者《じさつしぐわんしや》を一人《ひとり》位《ぐらゐ》發見《はつけん》するのは容易《ようい》な筈《はず》だ。自殺志願者《じさつしぐわんしや》を見《み》つけて、百貨店《くわてん》の天邊《てつぺん》から飛《と》び降《お》りさせればいゝぢやないか。その時《とき》に懷中《ふところ》に水谷八重子《みづたにやへこ》への艶書《えんしよ》か、それともムソリーニへの建白書《けんぱくしよ》でも忍《しの》ばさせて置《お》けば、それだけで相當《さうたう》のニウスになるぢやないか。君達《きみたち》は事件《じけん》を探《さが》すから駄目《だめ》なんだ。

「虞美人の涙」『新青年』第17巻第11号（1936年）より

ではないのです。

さて、図は昭和十一（一九三六）年九月一日に発行された雑誌『新青年』第十七巻第十一号です。甲賀三郎（一八九三～一九四五）の「虞美人の涙」の第一回の冒頭頁です。甲賀三郎は江戸川乱歩や大下宇陀児《うだる》と並んで、本格的な探偵小説に取り組んだ先駆者として評価されています。

図をみると「腮《あご》をつン出《だ》しながら」「馬鹿なツ、事件が起つてから後を追つかけてどうするンだツ」とあります。「つン出《だ》し」は「ツキダシ（突出）」の「はなしことば」バージョンといっていいでしょう。その「はなしことば」感を「ン」があらわしているようにみえます。「どうするンだツ」の最後の「ツ」はもちろん、ちょっと強めの語気をあらわしているわけですが、「だ！」と書くよりも「はなしことば」感がありそうです。「起つてから」の「つ」は促音をあらわしているのですから、それとこの「ツ」は違うということです。

文章全体は「漢字平仮名交じり」で書かれており、そこにいろいろな機能をもたせた、片仮名を織り交ぜていくことによって、「はなしことば」にかなり寄った「書きことば」にしようとしているのでしょう。このように「書きことば」も一つではないのですね。

71 漢語が問題だ

明治になると西洋諸国との接触によって、外来語がどんどん日本語の語彙体系の中に入ってきたという感じがあるかもしれません。たしかにそういう面もありますが、西洋語の担っている概念は、漢語に置き換えて受け入れるということもありました。法律などに外来語は入れにくいでしょうから、漢語がこれまで以上に使われたという面もあったと思います。明治政府からどんどん出される布告などの法律は新聞に紹介されます。そうすると新聞を読んでいる人は、この漢語の意味は？　ということになります。

そんなこともあって、明治二十年ぐらいまでは、漢語だけを見出しにした「漢語辞書」が数多く出版されています。漢語辞書の多くは小型でハンディな大きさをしています。

ここでは、片岡義助編輯『文明いろは字引』（明治十：一八七七年）を採りあげてみましょう。この辞書は一一七四〇語を見出しとしていることがわかっています。漢語辞書は五千語ぐらいの見出し数のものも多いので、その中では、比較的見出しが多いものだと思います。

右頁九行目の上から三つ目の見出しは「怠慢《たいまん》　ヲコタル」、左頁五行目の一番上の見出

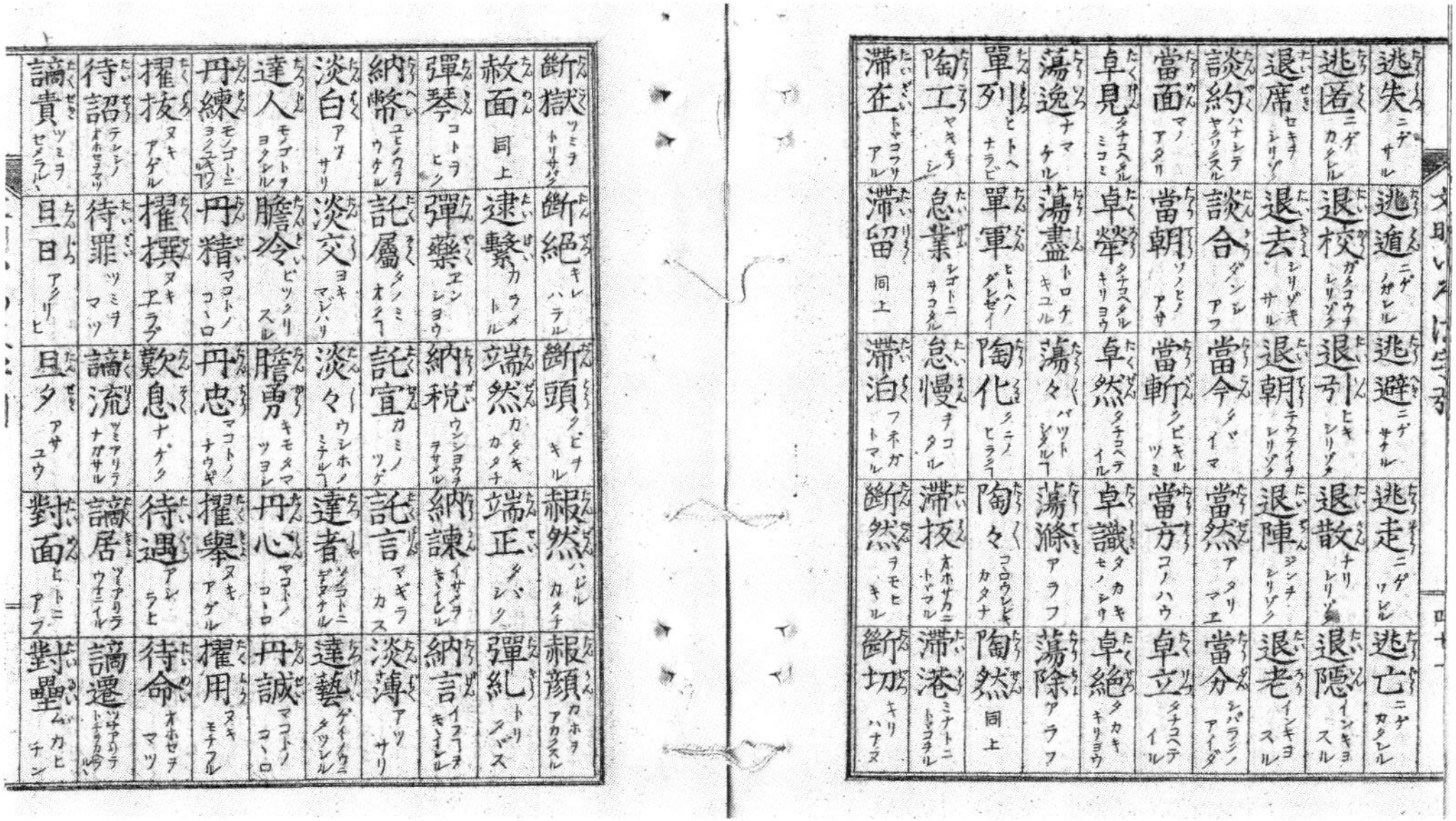

逃失 逃遁 逃避 逃走 逃亡
逃匿 退校 退引 退散 退隠
退席 退去 退朝 退陣 退老
談約 談合 當今 當然 當分
當面 當朝 當斬 當方 卓立
卓見 卓犖 卓然 卓識 卓絶
蕩逸 蕩盡 蕩々 蕩滌 蕩除
單列 單軍 陶化 陶々 陶然
陶工 怠業 怠慢 滞抜 滞港
滞在 滞留 滞泊 断然 断切

断獄 断絶 断頭 赧然 赧顔
赧面 逮繋 端然 端正 彈糺
彈琴 彈藥 納税 納諫 納言
納幣 託屬 託宣 託言 淡薄
淡白 淡交 淡々 達者 達藝
達人 膽冷 膽勇 丹心 丹誠
丹練 丹精 丹忠 擢擧 擢用
擢抜 擢撰 歎息 待遇 待命
待詔 待罪 謫流 謫居 謫遷
謫責 旦日 旦夕 對面 對壘

『文明いろは字引』(1877年)より

しは「淡白《たんぱく》　アッサリ」となっています。これは「タイマン」という漢語を「ヲコタル」という和語で、「タンパク」という漢語を「アッサリ」という和語で説明していることになります。『広辞苑』では「タイマン」を「なまけおこたること。おろそかにすること。なおざり」、「タンパク」を「濃厚でないこと。あっさりしていること」と説明しています。つまり、明治時代の漢語の理解のしかたは、現代も同じだということですね。

右頁の二行目、三行目の一番下に「退隠《たいいん》　インキヨスル」「退老《たいろう》　インキヨスル」とあります。説明がまったく同じですから、漢語「タイイン（退隠）」と漢語「タイロウ（退老）」とは意味が同じと考えていいはずです。そして、二つの漢語がいずれも、「インキョ（隠居）」という漢語で説明されているのですから、結局「タイイン」「タイロウ」「インキョ」とが同じ意味だったことになります。さらに、漢語「インキョ」は二つの漢語の説明に使われているのですから、もしも漢語に「難易度」のようなものを設定するとすれば、「インキョ」の難易度は、「タイイン」「タイロウ」よりも低いことになりますね。

漢語辞書を丁寧に観察すると、その漢語辞書が出版された頃の日本語がどのような状況であったかを知る緒《いとぐち》がつかめることがあります。日本語観察のおもしろさですね。

72　茗荷の花

そうめんの薬味といったら何ですか？　大葉、茗荷、いろいろありますね。今回はミョウガの話です。ミョウガの食べている部分は花穂《かすい》で、その部分を「花ミョウガ」と呼ぶこともあります。ミョウガは九三四年頃にはできあがっていたと考えられている『和名類聚抄《わみょうるいじゅしょう》』という辞書の見出しになっています。そこでは「和名」が「メカ」であると記されています。「メカ」は「芽香」ということかもしれませんが、芽ではなく花なんですね。しかし、ほんとに花が咲いてしまわないうちに食べるのが一般的でしょう。

かつては、家の庭の日蔭のあたりにミョウガがあって、それを採って食べたりしたものです。筆者の実家の庭にもミョウガがあって、必要な時にそこから採っていましたが、しばらく採らないでいると、花が咲いてしまっていました。全体として花は白っぽいのですが、光の加減で、淡い紫色を帯びて見えたり、薄い緑色に見えたりします。

斎藤茂吉が大正二（一九一三）年に出版した第一歌集『赤光』には次のような歌が収められています。

ほのかなる茗荷の花を見守《みも》る時わが思ふ子ははるかなるかも

佐藤佐太郎は『茂吉秀歌』の中で、「茗荷の子の先端から、すり硝子のような半透明の花が開く。この作者以前誰も注意しなかった花である。それを『ほのかなる茗荷の花』と言ったのも的確で感情をたたえている。一首はさわやかで香気があり、不思議なほどすっきりと洗練されている」と述べています。そうだとすれば、茂吉が詩的言語としての「茗荷の花」を見出したといってもよいかもしれません。「茗荷の花」によって表現したい「イメージ」がある、いや、「茗荷の花」でなければ表現できない「イメージ」があるということです。

斎藤茂吉は明治十五（一八八二）年五月十四日に生まれ、昭和二十八（一九五三）年二月二十五日に亡くなります。歌人の河野《かわの》裕子《ゆうこ》は昭和二十一（一九四六）年七月二十四日に生まれ、平成二十二（二〇一〇）年八月十二日に亡くなっています。古くから身近にあったミョウガは歌にもずっと採りあげられてきています。

鬱がちの家系の尖《さき》に咲きゆるび茗荷のはなのごときわれかも
すうすうと四人の誰もが寒くなり茗荷の花の透くを回せり

河野裕子は自身を咲きゆるぶ「茗荷のはな」にたとえています。これもまた繊細で透明感のある、なんとも表現しにくい感情、「イメージ」ではないでしょうか。

73 音《おん》のない漢字

現在使われている「常用漢字表」は平成二十二（二〇一〇）年十一月三十日に内閣告示第二号として告示されたものです。内閣告示ですから、その時の内閣総理大臣名で告示されますが、誰の名前が記されているかわかりますか。菅直人氏です。

この時告示された常用漢字表が現在も使われていますが、表に載せられている漢字は二一三六字で、音は二三五二、訓は二〇三六、合計四三八八の音訓が認められています。常用漢字表というと、漢字が幾つ載せられているか、というところを注目しがちですが、それとともに、音訓がどのように認められているかということも大事です。

一度、常用漢字表を「すみからすみまで」みてみるのもおもしろいかもしれません。さて、そうやってすみからすみまでながめてみると、訓が認められていない漢字が案外とあることに気づくでしょう。さきほどあげた数字からもそれはわかるのですが、漢字が二一三六字あるのに、訓は二〇三六です。例えば「育」は「そだつ・そだてる・はぐくむ」三つの訓が認められており、こういう漢字があることからすれば、訓が認められていない漢字が一定数ありそうです。例えば「依」には「イ」という音しか認められていません。

音は二三五二、認められているので、音が認められていない漢字はなさそうに思ってしまいますが、それがあるのですね。例えば茨城県の「茨」です。漢和辞典を調べてみるとわかりますが、「茨」には「シ・ジ」という音があります。しかし、この「茨」が含まれている漢語で、現在使っているものがほとんどないので、音をあえて認めなくてもいいだろうという判断なのだと思います。こういう理由で音が認められていない漢字があります。

さて、「匂（におう）」「峠（とうげ）」「込（こむ・こめる）」「枠（わく）」「栃（とち）」「畑（はた・はたけ）」にも音が認められていません。漢字は改めていうまでもなく、中国語を書くための文字です。ですから、中国でうまれ、使われた漢字には必ず音があります。ということは……そう、右にあげた漢字は日本でうまれた日本製の漢字なのです。こういう漢字を「国字《こくじ》」と呼ぶことがあります。漢和辞典に「国字」と表示されている漢字は日本生まれの漢字です。

「正徳《しょうとく》の治《ち》」で知られる新井白石（一六五七〜一七二五）には言語学的な著述もありますが、宝暦十（一七六〇）年に出版された『同文通考《どうぶんつうこう》』という本の中で、「国字トイフハ本朝ニテ造レル。異朝ノ字書ニ見ヘヌヲイフ。故ニ其訓ノミアリテ其音ナシ」とすでに述べています。「本朝」は日本、「異朝」はここでは中国のことを指しています。さすが、白石先生、的確なご判断です。

74 化石する

横溝正史『双仮面』（一九五六年、東方社）を読んでいると次のようなくだりがありました。現代仮名遣いのかたちで引用します。

あまりにも劇的な、この二人の出会いに、千晶はいうまでもなく、そこに居合せた人々のすべてが、一瞬間、心臓の鼓動も停止するような、深い驚きに化石してしまったのも無理はない。（二一九頁）

「化石してしまった」はもちろん〈化石のようになってしまった〉という意味だと思いますが、ここでは「化石」が動詞として使われています。漢語は「スル」を下接させると漢語サ変動詞となり、動詞として使うことができるようになりますが、あらゆる漢語が動詞として使われているわけではありません。

「運動する」「勉強する」「退屈する」「抵抗する」などは現代日本語でも使いますね。「省略する」は使うけれども「簡単する」は使わないというようにサ変動詞になる漢語とならない漢語があります。

さて、『日本国語大辞典』は、見出し「化石」の意味の（二）として「（―する）古い物が新時代に適応しないまま形をとどめること。また、その物」、（三）として「（―する）石になること。石のように動かなくなること」と説明しています。『双仮面』の例は、この（三）にあたりますね。（二）にも（三）にも実際に使われた例があげられており、（二）には「『封建時代』の化石である」という国木田独歩の「まぼろし」（一八九八）の例、（三）には「満場は化石したかの如く静かである」という夏目漱石の「野分」（一九〇七）年の例があげられています。このように、明治時代には「化石する」という動詞が使われていました。

明治時代には「究極する」「構造する」「損害する」「印象する」「利益する」「忌憚する」といった漢語サ変動詞も使われていました。こういうことはなんとなく変わらないように思いがちですが、品詞も変わることがあるのです。

漢語「告白」は「告白する」という動詞で使うことがあります。「コクハク（告白）」の下を略して「コク」、これに動詞を作る接尾語「ル」をつけて「コクル」。聞いたことがあるでしょうか。漢語からうまれた「キョヒル（拒否）」「キョドル（挙動）」、外来語からうまれた「ググる（Google）」「バズる（buzz）」などもありますね。

75　超難問！　文豪クイズ

コーヒーブレイク③

　文豪だから難しい書き方をしてみせるのか。難しい書き方をするのが文豪なのか？　今回は、文豪森鷗外が使った、すぐには読めないような書き方をクイズにしてみました。鷗外先生、クイズのネタには困りません！　明治三十五（一九〇二）年に春陽堂から出版された『即興詩人』からのクイズです。漢字字体は調整し、かなづかいは現代仮名遣いにし、仮名の繰り返し符号には文字をいれました。

①僧は唱え畢りていうよう。われも早晩《□□□》ここに眠らん。（四頁）

②画工は糸の端を控鈕《□□□》の孔に結びて、蠟燭を拾い集めたる小石の間に立て、さてそこに蹲りて、隧道の摸様を写し始めき。（十四頁）

③フエデリゴは又我に接吻して、衣のかくしより美しき銀の銕《□□□》を取り出し、これをば汝に取らせん、といいて与えき。（十六頁）

④人あまた集いて、鬱陶しくなりたるに、我空想の燃え上りたるや、この眩暈《□□□》のもとなりけん。（二十頁）

⑤男に軍曹と呼ばるる猿あり。美しき軍服着て、熊の頭の上、背の上などにて翻筋斗《□□□□□□》

す。（二十九頁）

⑥道行く人々皆このあやしき凹騎《□□□□□》に目を注けて、美しき児なり、何処よりか盗み来し、と問いぬ。（四十三頁）

⑦またこの野辺に出づる切盗《□□□□》の事を話せり。（五十五頁）

⑧鬼の持てる鋭き鉄塔《□□□》にかけられて、又沈めらるるを見き。（八十一頁）

①は「早晩」の振仮名「□□□」を答えてください。□が三つですから、「そうばん」ではありません。これは初級問題かもしれません。②は外来語です。③も振仮名の「□□□」を答えてください。ちなみにいえば、この錶は、現在国内で出版されている最大規模の漢和辞書といってよいであろう『大漢和辞典』の巻十一の五九〇頁に載っていますが、そこにはあまり「情報」がありません。鷗外はここでどうして錶を使ったのか。謎といえば謎です。④、他が難しすぎるので、これがむしろ簡単にみえてしまうかもしれません。⑤のヒント。孫悟空といえば筋斗《きんと》雲《うん》。⑥も難しいです。⑦はまず「切盗」を置き換えてから、その漢語に対応しそうな和語を考えるといいですね。⑧も難しいです。全問正解者には、河出書房新社から賞品をだしてもらいたいところですね。答えは二四五頁。

表記法あれこれ⑫

76 ゲシュタルト崩壊とハイブリッド漢字

中島敦（一九〇九～一九四二）の「山月記」は高等学校の国語教科書の「定番」といってもよいでしょう。中島敦には、その「山月記」とともに「古譚《こたん》」という題名でまとめられ、雑誌『文學界』の一九四二年二月号に掲載された「文字禍」という作品があります。その中に次のようなくだりがあります。

一つの文字を長く見詰めてゐる中に、何時しか其の文字が解体して、意味の無い一つ一つの線の交錯としか見えなくなつて来る。単なる線の集りが、何故、さういふ音とさういふ意味とを有《も》つことが出来るのか、どうしても解らなくなつて来る。

右の「文字」は楔形文字のことですが、漢字でも同じようなことがありそうです。かたちを正確に把握していない漢字を書こうとすると、「あれ、どうだったか」と思うことがないでしょうか。書いてみて、こんな変な字だったかなどと考えているうちに、よけいにわからなくなってくる。そんな経験がありませんか。

「ゲシュタルト崩壊（Gestaltzerfall）」という概念があります。『広辞苑』は「知覚対象の全体性を認識できなくなること。失認の一種とされたが、たとえば『柏』の字を見ていると『木』と『白』が切り離されて感じられるなど、正常な知覚でも起こりうる現象」と説明しています。

夏目漱石の『それから』の自筆原稿には「膨脹」の「膨」にあたる箇所に月偏に「鼓」というかたちの字を書いている箇所があります。漱石は「膨」の字を月偏になんかこんな字だったぐらいに思っていたかもしれません。あるいは急いで書いたために、「彭」の左側を書いているうちに、はずみで「鼓」を書いてしまった可能性もあります。漱石はこの時にゲシュタルト崩壊していたともいえそうですが、切り離された漢字のパーツが新たに組み合わされている例とみることもできそうです。結果的には誤字でしょうが、それをかっこよく「ハイブリッド漢字」といってみたい気がします。

そして、漢字はもともと分解したくなる文字、分解してしまう文字なのかもしれません。漢字を偏と旁《つく》り、冠と脚の四種に分けて活字を作って、それを組み合わせて印刷する「分《ぶん》合《ごう》活字」がかつてあったことが指摘されています。現在では、電子的に文字を扱う際に、二文字分のコードを組み合わせて一文字をあらわす「サロゲートペア」という方法が考えられています。漢字をじっくり観察するとおもしろそうですね。ただしゲシュタルト崩壊しない程度がいいでしょう。

77 puddingとプリン

クリスマスプディング（Christmaspudding）をご存じでしょうか。イギリスのクリスマス菓子で、アドベント（クリスマスの四週間前の日曜日から十二月二十四日までの期間）直前の日曜日から、作り始めるそうです。プラムやレーズン、ナッツなどを何種類も細かく刻んで、ブランデーやラム酒に漬け込んで充分寝かせたものを「具材」として使うとのことです。クリスマス当日には、食べる前に一時間ほど蒸し、ラム酒やブランデーをかけ、火をつけてやわらかくしてから食べるようです。

つまり、クリスマスプディング自体は固いのですね。このクリスマスプディングを初めて知った時に、日本で「プリン」と呼んでいるあの食べ物もたしか「pudding」だったはずだけど、どういう関係なんだろう、と思いました。同じように思った方もいるのではないでしょうか。

日本で「プリン」と呼んでいるのは「カスタードプリン」ですが、でも「pudding」であることはたしかです。さて、今回の話題はここです。現在なら「プディング」と片仮名で書くことが多いと思いますが、「pudding」の「ディ」にあたる音を日本語の「リ」で受け止めたというか、そう聞いたというか、とにかく「ディ」を「リ」に変えて受け入れたのが「プリン」という語形です。

日本語のラ行の子音は、舌の先が歯茎にぶつかって（歯茎をはじいて）出す「はじき音」と呼ばれる音です。「はじき音」だから、ちょんとはじくのですね。では、日本語の「ダ」や「ド」の子音［d］はどうかといえば、舌の先を歯茎につけて、閉鎖を作ってからその閉鎖を開放して出す「破裂音」と呼ばれる音です。こちらは閉鎖をつくるので、はじくのではなく、しばらく接触している感じです。

しかし、接触時間が短くなると「はじき音」にちかくなります。音をどこで作るかということを言語学では「調音点」といいますが、日本語のラ行の子音と「ダ・ド」の子音とは「調音点」は同じで、「調音方法」、すなわち音の作り方が「はじき」と「破裂」とで少し違うのです。ということは、あらっぽくいえば似た音ということになります。

友達に「昨日、ダジオで深夜放送を聞いてたんだ」と言ってみてください。きっと友達は平気な顔をしています。「ダジオ」は「ラジオ」と認識されているのです。いや少しおかしな顔をするかもしれませんが、「今なんて言った?」とまでは聞かれないでしょう。小さな子どもが「エダマメ」のことを「エラマメ」と言ったりするのも、発音しやすい音で代用していると考えることができます。

78　日本語観察の「穴場」

辞書をよむ⑪

筆者はご縁があって、今から十年以上前に『ウィズダム和英辞典』（二〇〇七年、三省堂）の編集を少しお手伝いしました。ほんの少しのお手伝いだったのですが、この辞書の「編修スタッフ」の欄には「校閲協力者」として名前をあげていただいています。協力したのは、「日本文用例」が自然な日本語かどうか、ということです。初めてのことだったのですが、いい経験をさせていただきました。

さて、明治、大正期を代表する英語学者、斎藤秀三郎（一八六六～一九二九）が編修した『熟語本位英和中辞典』（一九一五年、日英社）は「斎藤英和」の通称で親しまれ、英和辞典の古典とも呼ばれることがあります。その斎藤秀三郎が編修して刊行したものが『和英大辞典』（一九二八年、日英社）です。ここでは「斎藤和英」と呼ぶことにしましょう。次頁の図は、筆者が所持している本の扉頁ですが、「東京帝國大學農学部」「演習林研究部」の印が押されています。ある時点で、廃棄されたものなのでしょう。

現在もそうだと思いますが、日本における「英和辞書」「和英辞書」は実用的な存在といっていいでしょう。今使われている英語を前提にして、編修されています。ビジネスで

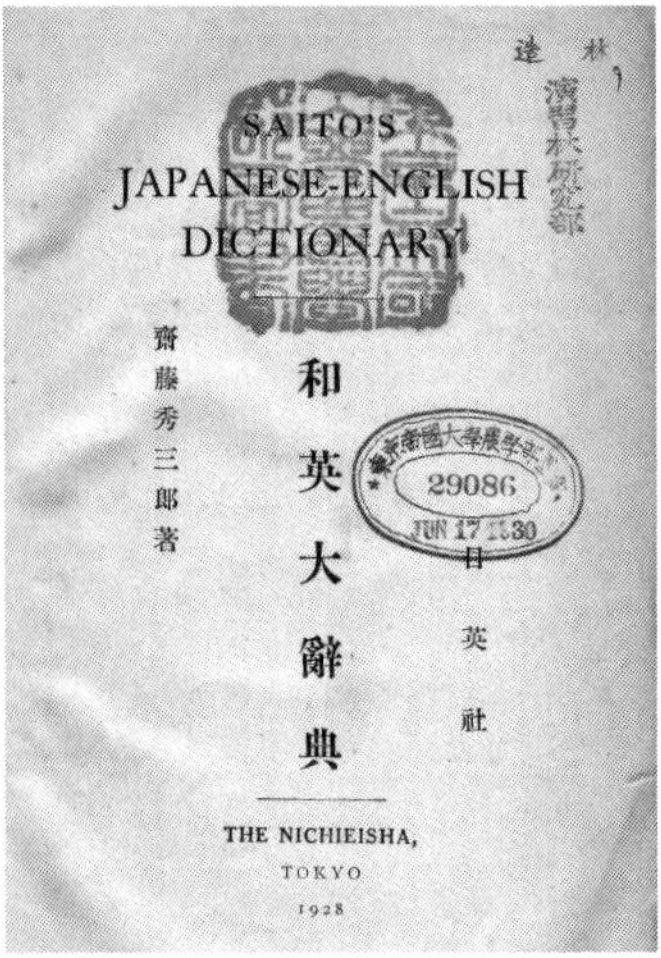

●法律に掛けては赤兒も同然だ **In the matter of** law, I am a baby. ●彼は此事に掛けては偉いもんだ He is great **in this matter.** ●學問に掛けては彼の右に出づる者はない **In the matter of** scholarship, he has no superior. ●遊戯に掛けては彼の足下にも寄り附く者はない **In the matter of** games, no one can hold a candle to him. ●彼はお喋べりに掛けては偉い He is great **in the way of** talking. ●英語に掛けては(彼に及ぶ者はない) He has no equal **in** English. ●商賣に掛けては抜け目がない He is **a shrewd man of business.** ●其道に掛けては剛の者だ He is **a devil in the line.** ●女に掛けては目が無い He **has no will before a** woman.

Kaketobi (駈け跳び)【名】A running jump.

Kaketori (掛け取り)【名】(事) bill-collecting: (人) a bill-collector.
●掛け取りに廻る to **go round collecting bills.**

Kaketsu (可決)【名】Passage: (=suru) to pass (a bill); to carry (a motion); to adopt (a report); to vote (so much *for* some purpose).
●豫算案は大多數を以て可決した The budget was **passed by a great majority.** ●軍備縮少案は兩院に於て可決した The bill for the reduction of armaments has **passed both Houses.** ●動議は異議なく可決した The motion was **carried without a dissentient voice.** ●衆議院は高等學校增設費二千萬圓を可決した The House of Representatives has **voted** 20,000,000 yen **for** the establishment of more high schools. ●豫算案を可決する to **adopt the budget.**

Kaketsukeru (駈け附ける)【自動】To run to the spot; to hasten to the scene.
●其報に接した多くの人が駈け附けた On hearing the news, many people **came running to the spot.** ●火事と聞いて大急ぎで駈け附けた At the alarm of fire, I **hastened to the scene** with all speed. ●警官が現場へ駈け附けた The police **arrived on the scene.** ●醫者へ駈け附けたけれども間に合はなかつた I **ran for the doctor,** but it was too late. ●田中が眞先に駈け附けた Tanaka was **the first to arrive.**

Kaketsuke-sanbai (駈け附け三杯)【熟語】(A late comer at a banquet is made to drink three cups of wine in succession) to make up for lost time.

『和英大辞典』(1928年)より

使ったりすることを考えれば当然のことでしょう。ですから、今使われていない英語、今使われていない日本語は基本的に見出しとして採りあげる必要がないということです。新しい辞書が出版されれば、それまでの辞書が廃棄されやすいといってもいいかもしれません。

筆者は、昭和三年に出版された「和英辞書」がどういう語を見出しにしているか、それにどのような例文がつけられているか、ということに興味があります。例えば、「斎藤和英」には「Kaketobi（駈け跳び）」という見出しがあります。「A running jump」と英語で説明されているので、おそらくこれは現在いうところの「走り幅跳び」のことでしょう。しかし、現時点での日本最大規模の辞書『日本国語大辞典』はこの「カケトビ」を見出しにしていません。こういう語は一定数あるようにみえます。そうだとすれば、和英辞書を丁寧に読んでいくことによって、その和英辞書が出版された頃の日本語について知ることができるわけです。これは日本語観察の「穴場」ですね。

見出し「Kakugo（覚悟）」の②は「＝悟道」と説明されているので、〈道を悟ること〉という意味だと思いますが、その用例として、「釈迦は此時《このとき》翻然《ほんぜん》として覚悟した」（Sakya-muni had his mind suddenly illumined.）とあります。ううむ、悟りだからお釈迦様なのでしょうか。なんだかお釈迦様が突然でてきてちょっとお茶目（笑）。

79　花札のあの人

みなさんは花札をしたことがあるでしょうか。花札には二十点の札が五種類あります。松、桜、芒、桐、柳です。柳の二十点札には、柳に飛びつこうとしている蛙と傘を持った人物が描かれています。これは誰なんだろうと思ったことはないでしょうか。

さて、大正七（一九一八）年から昭和七（一九三二）年まで使われた『尋常小学国語読本』（第三期国定国語読本）は巻一の冒頭が「ハナ　ハト　マメ　マス」から始まるので、「ハナハト読本」と呼ばれることがあります。この時期には、黒い表紙をした、従来の『尋常小学読本』（ハタタコ読本）を修正したものと、白い表紙をしたこの「ハナハト読本」とが併用されていました。

この「ハナハト読本」の巻三に「をの　の　たうふう」という単元があります。今、引用したように、この読本は語と語との間に空白を置く「分かち書き」がされています。英語などでは語と語との間に空白がありますが、現在の日本語においては、「分かち書き」はされていません。

「をの　の　たうふう」に書かれていることを、「分かち書き」をしないで、適宜読点を

る やう に なつて、とうとう やなぎ に とびつきました。たうふう は これ を 見て、この かへる の やう に、こんき が よければ、何ごと も できない こと は ない と さとりました。

『尋常小学国語読本』（1918 ～ 1932 年）より

使い、さらには漢字も使い、現代仮名遣いを使って引用してみましょう。

昔、小野道風という人がありました。若い時、字を習いましたが、うまく書けませんので、困っていました。ある時、雨の降る日に、道風が庭へ出て、池の端を通りますと、しだれやなぎの枝へ、カエルが飛びつこうとしています。カエルは柳の露を虫とでも思ったのでしょう、飛んでは落ち、飛んでは落ち、何べんも何べんも飛びつこうとします。だんだん高く飛べるようになって、とうとう柳に飛びつきました。道風はこれを見て、このカエルのように、根気が良ければ、何事も出来ないことはないと悟りました。それからは、一生懸命になって、毎日、字を習いました。ずんずん手が上って、後には、名高い書き手となりました。

花札の人物は小野道風だったわけです。中国風＝唐風の能筆として嵯峨天皇、橘逸勢《たちばなのはやなり》、空海を「三筆《さんぴつ》」と呼び、唐風に流麗さを加えた日本風＝和風の能筆として、小野道風、藤《ふじ》原佐理《わらのすけまさ》、藤原行成《ふじわらのゆきなり》を「三蹟《さんせき》」と呼びます。空海は弘法大師とも呼ばれましたが、「弘法も筆の誤り」や「弘法は筆を選ばず」は、空海が書の名人だったから言われたのですね。

80　夜明けの停車場

明治になると西洋の小説の翻訳がさかんに行なわれるようになります。次頁の図は明治十二（一八七九）年に出版された『欧洲奇事《おうしゅうきじ》花柳春話《かりゅうしゅんわ》附録』という本の一頁です。『花柳春話』はイギリスのリットンの小説『アーネスト・マルトラバーズ』とその続編にあたる『アリス』を丹羽（織田）純一郎が抄訳したものです。「抄訳」とは、原文すべてを翻訳するのではなく、ところどころを抜き出して翻訳することをいいます。明治期には抄訳が少なくありませんでした。翻訳者が文章をつくってつないでいくこともあり、「つなぎ」が長くなって、原文からどんどん離れてしまうようなこともあったようで、そういう翻訳は少し揶揄の意味をこめて「豪傑訳」と呼ばれたりしていました。

『花柳春話』は、今読んでみると訳文が漢文直訳体であることもあって、ちょっと固い感じがしますが、出版当時はずいぶん読まれたようです。図でわかるように、この本は「漢字片仮名交じり」で印刷されていますが、振仮名も施されています。図の後ろから四行目に「停車場《テイシヤヂヤウ》」とありますね。「場」は「場」という形で印刷されています。現代では、「テイシヤジョウ」という語そのものを使わなくなっているかもしれません。一般社団法人日

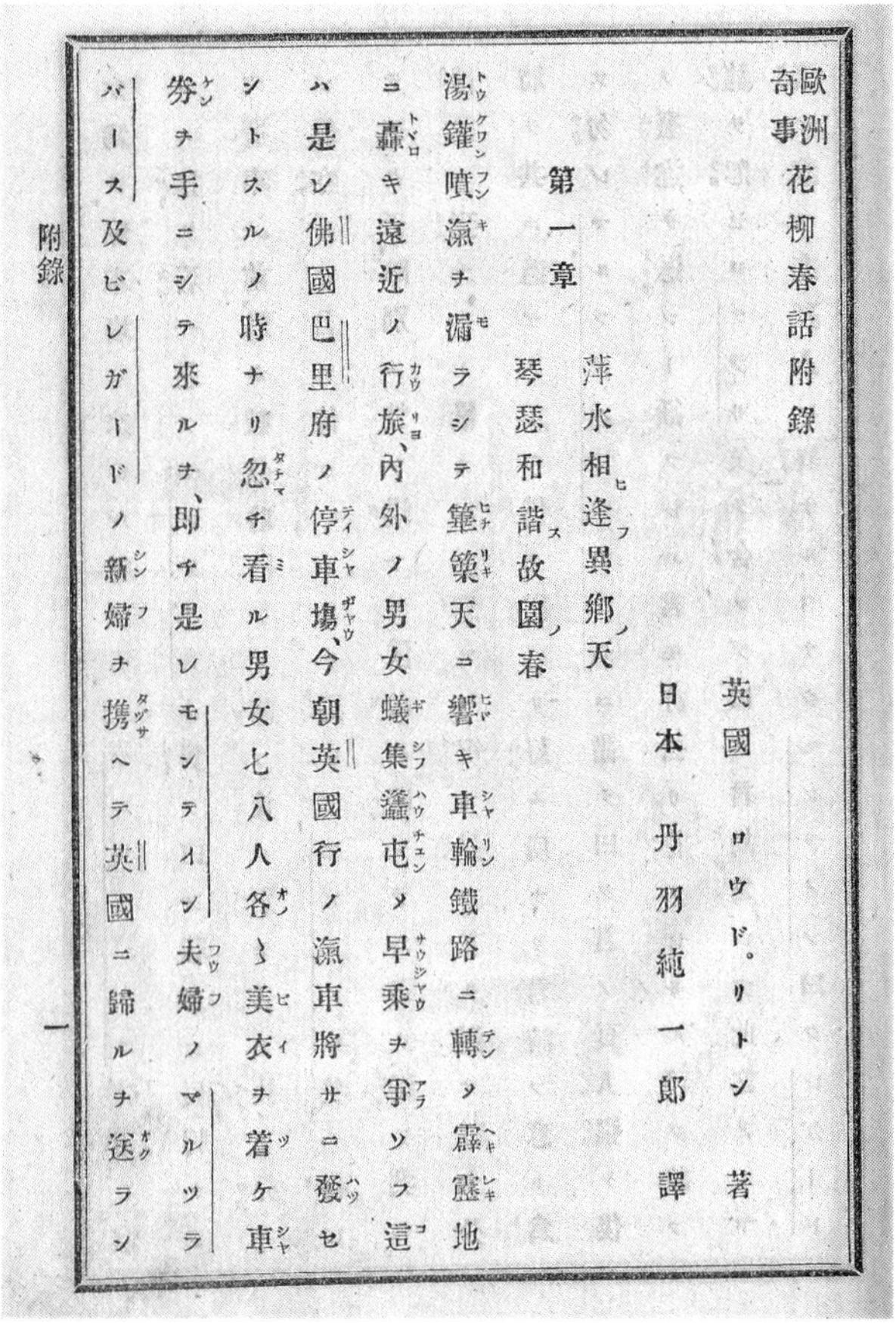

歐洲奇事花柳春話附錄

英國　ロウド。リトン　著
日本　丹羽純一郎　譯

萍水相ヒ逢フ異鄉ノ天
琴瑟和諧ス故園ノ春

第一章

湯《トウ》罐《クワン》噴《フン》瀛《キ》ヲ漏《モ》ラシテ雛《ヒナ》轢《リキ》天ニ響《ヒド》キ車《シヤ》輪《リン》鐵路ニ轉《テン》メ霹《ヘキ》靂《レキ》地ニ轟《トドロ》キ遠近ノ行《カウ》旅《リヨ》、內外ノ男女蟻《ギ》集《シフ》蠭《ハウ》屯《チユン》メ早《サウ》乘《ジヤウ》ヲ爭《アラ》ソフ這《コ》ハ是レ佛國巴里府ノ停《テイ》車《シヤ》塲《ヂヤウ》、今朝英國行ノ瀛車將サニ發《ハツ》セントスルノ時ナリ忽《タチマ》チ看《ミ》ル男女七八人各《オノ》〻美《ビ》衣《イ》ヲ着《ツ》ケ車《シヤ》券《ケン》ヲ手ニシテ來ルヲ、即チ是レモンテイン夫《フウ》婦《フ》ノマルツラバース及ビレガードノ新《シン》婦《フ》ヲ携《タヅサ》ヘテ英國ニ歸ルヲ送《オク》ラン

附錄　一

『歐洲奇事花柳春話附録』(1879年)より

げて、これを自分《じぶん》の領分《りやうぶん》に二枚《まい》續《つゞ》きに長《なが》く敷《し》いて、其上《そのうへ》に細長《ほそなが》く寢《ね》た。其《その》晩《ばん》は三四郎《らう》の手《て》も足《あし》も此幅《このはゞ》の狹《せま》い西洋手拭《タウエル》の外《そと》には一寸《いつすん》も出《で》なかつた。女《をんな》とは一言《ひとこと》も口《くち》を利《き》かなかつた。女《をんな》も壁《かべ》を向《む》いた儘《まゝ》凝《じつ》として動《うご》かなかつた。夜《よ》はやう〳〵明《あ》けた。顏《かほ》を洗《あら》つて膳《ぜん》に向《むか》つた時《とき》、女《をんな》はにこりと笑《わら》つて、「昨夜《ゆうべ》は蚤《のみ》は出《で》ませんでしたか」と聞《き》いた。三四郎は「えゝ、難有《ありがた》う、御《お》陰《かげ》さまで」と云《い》ふ樣《やう》な事《こと》を眞面目《まじめ》に答《こた》へながら、下《した》を向《む》いて、お猪口《ちよく》の葡《ぶ》萄《だう》豆《まめ》をしきりに突《つゝ》つき出《だ》した。

勘定《かんじやう》をして宿《やど》を出《で》て、停車場《ステーシヨン》へ着《つ》いた時《とき》、女《をんな》は始《はじ》めて關西線《くわんさいせん》で四日市《よつかいち》の方《はう》へ行《い》くのだと云《い》ふ事《こと》を三四郎《らう》に話《はな》した。三四郎《らう》の汽車《きしや》は間《ま》もなく來《き》た。時《じ》間《かん》の都合《つがふ》で女《をんな》は少《すこ》し待合《まちあは》せる事《こと》となつた。改札場《かいさつば》の際《きは》迄《まで》送《おく》つて來《き》た女《をんな》は、「色《いろ》々〳〵御《ご》厄介《やくかい》になりまして、……………では御機嫌《ごきげん》よう」と丁寧《ていねい》に御辭儀《おじぎ》をした。三四郎《らう》は革鞄《かばん》と傘《かさ》を片手《かたて》に持《も》つた儘《まゝ》、空《あい》た手《て》で例《れい》の古帽子《ふるばうし》を取《と》つて、只《たゞ》一言《ひとこと》、

「左《さ》樣《よ》なら」と云《い》つた。女《をんな》は其《その》顏《かほ》を凝《じつ》と眺《なが》めてゐた、が、やがて落付《おちつ》い

『三四郎』（1907年）より

本民営鉄道協会の「鉄道用語辞典」で「停車場」を調べると、「駅」「信号場」「操車場」の三つの総称が「停車場」だとのことです。

さて、話題にしたいのはこの本の振仮名によって「テイシャジョウ」という語形が使われていたことが確認できるということです。もう一つの図を見てください。こちらは夏目漱石の『三四郎』で、単行本として出版されたのは明治四十一（一九〇九）年です。八行目に「停車場《ステーション》」とありますね。ここでは、「ステーション」という語を書くのに「停車場」を使っています。「停車場」といえば、石川啄木の「ふるさとの訛《なまり》なつかし／停車場《ていしゃば》の人《ひと》ごみの中《なか》に／そを聴《き》きにゆく」がありますね。この作品を収めた『一握の砂』は明治四十三（一九一〇）年に出版されています。

「ステーション」は外来語として「停車場」よりも前から使われていました。漱石はこちらを選んだわけです。そして、「テイシャジョウ」が使われるようになり、「テイシャバ」も使われ、次には「エキ（駅）」が一般的になっていったと思われます。「テイシャバ」は「テイシャ（停車）」が漢語で、「バ（場）」が和語なので、混種語です。漢字を読むということからいえば「重箱読み」にあたります。

そういえば、一九七二年頃に石橋正次の「夜明けの停車場」という曲が大ヒットしましたが、これは「テイシャバ」でした。竹内まりやの「駅」という曲もありますね。

81　時雨はいつ降る？

みなさんは時雨はいつ降る雨だと思っていらっしゃるでしょうか。『明鏡国語辞典』第三版で「しぐれ（時雨）」を調べてみると、「晩秋から初冬にかけて断続的に降る小雨」と説明されています。季語としては冬ということになっていますが、「シグレ」という語を遡っていくと、『古今和歌集』では、秋の部にも冬の部にも「シグレ」を詠み込んだ歌がありります。やはり幅があったのですね。

『万葉集』にも「シグレ」「シグレノアメ」が使われています。ただし、「時雨」という書き方がされた例はなく、「四具礼」「志具礼」「斯具礼」「之具礼」などと表音的に書かれていることが多いのです。漢語＝中国語で使われている漢字をあてた、表意的な書き方がみられないのは、（その頃も「シグレ」はそういう意味だったとして）〈晩秋から初冬にかけて断続的に降る小雨〉という意味をもつ中国語がなかったため、と推測するのが自然でしょう。つまり日本語「シグレ」の意味と重なり合いのある意味をもっている中国語がなかったということです。こういうことは当然あり得ます。それぞれの言語は、それぞれの言語（文化）にしたがった語彙（＝語の集まり）を作っています。語彙は「世界」を言語によってどう切り取っているか、ということでもあるので、切り取り方は言語によって異なる面を必ず持ちます。

現在は「シグレ」をたいてい「時雨」と書きます。「時雨」は「ジウ」という中国語＝漢語を書く時に使います。漢語「ジウ」の意味は〈時を得て降る雨〉で、日本語の「シグレ」の意味とは実は重なっていません。ということは、「シグレ」を「時雨」と書くのは、いわゆる「当て字」ということになります。「シグレ」のように、日本語の意味に重なる中国語がない語を漢字で書く場合には、表音的に書くか、表意的に書くか、しかありません。常用漢字表の「付表」はこのような「当て字」の表といったおもむきがありますが、この「付表」に「しぐれ　時雨」も含まれています。

さて、話は変わりますが、後に俳聖と呼ばれた松尾芭蕉は元禄七（一六九四）年の十一月二十八日（旧暦十月十二日）に大坂で死去します。芭蕉の忌日《きにち》が「芭蕉忌」ですが、俳号である「桃青《とうせい》」にちなんで「桃青忌」と呼んだり、時雨の季節でもあり、芭蕉に時雨を詠み込んだ句が少なからずあるところから、「時雨忌」と呼ぶこともあります。

　　初しぐれ猿も小蓑をほしげなり
　　旅人と我名よばれん初しぐれ

なかなか味わい深い句ですね。

82　ルビ自由自在

表記法あれこれ⑬

筆者が小学生の頃に、『自由自在』という名前の学習参考書がありました。調べてみると昭和二十八（一九五三）年に初版が発行されています。これをみて、いろいろなコラム的な記事を読んだり、何か覚えたりするのが好きでした。そんなこともあって、「自由自在」ということばにも何か親しみを感じるというか、魅力を感じるような気がします。

さて、図は明治十九年九月に出版された井上勤訳述『九十七時二十分間月世界旅行』の七十、七十一頁です。原作はジュール・ベルヌ。七十頁の六行目に「價《あたへ》」とありますね。その二行後ろには「價額《あたへ》」とあります。「あたへ」は「アタエ」で「アタイ」の母音交替形ですね。さて、七十一頁の三行目には「價額《ねうち》」があり、その次の行には「價額《あたひ》」があります。その二行後には「價金《あたひ》」があります。

つまり、まず「アタエ」という語形と「アタイ」という語形が隣接して使われている。「アタエ」は単漢字「價」によって書かれることもあれば、二字を使って「價額」と書かれることもある。その「價額」を使って「ネウチ」という語を書くこともあれば、「アタイ」を書くこともある。「アタイ」は「價金」によって書くこともある。まさに自由自在眞《まこと》に「アルミニユム」なるか社長《しやちやう》云《いは》く諸君《しよくん》よ乃《すなは》ち夫《そ》れなり抑《そもそ》も此《こ》の金屬《きんぞく》は貴重《きちやう》なるや銀《ぎん》の白色及《はくしよくおよ》び金《きん》の強堅《きやうけん》猶《なほ》は精鐵《せいてつ》の粘質《ねんしつ》且《か》つ銅《あかゞね》の易鎔質《いやうしつ》剰《あまつさ》へ硝子《がらす》の輕質《けいしつ》を含有《がんいう》し而《しか》して其輕《そのかろ》きこと鐵《てつ》に比《ひ》するときは三倍《ばい》なり實《じつ》に此金屬《このきんぞく》の如《ごと》き天《てん》より故《ことさ》らに我等《われら》が此大事業《このだいじげふ》と爲《な》すに充《あ》て彈丸《たま》製造《せいざう》の爲《た》め付與《ふよ》せられたるものと云《い》ふも過言《くわごん》ならざるが如《ごと》し少將謂《せうしやういつ》て云《いは》く社長《しやちやう》よ然《しか》れども此《こ》の金屬其價《きんぞくそのあたへ》の非常《ひじやう》に高貴《かうき》なるを奈何《いかん》せん社《しや》長答《ちやうこたへ》て云《いは》く此金屬最初發見《このきんぞくさいしよはつけん》の時《とき》は頗《すこ》ぶる高價《かうか》なりしも今《いま》や稍《やうや》く一「ポンド」の價《あたへ》九圓《えん》に下落《げらく》せり少將云《せうしやういは》く倘《な》は九圓《えん》の價額《あたへ》ならば豈非常《あにひじやう》に高《かう》價《か》ならずと云《い》ふべからず社長答《しやちやうこた》へて云《いは》く勿論《もちろん》高價《かうか》なれども我等《われら》の力《ちから》に及《およ》ばざるものと云《い》ふに非《あら》ず大將問《たいしやうと》ふて云《いは》く然《しか》らば彈丸《たま》の重量《おもみ》は幾《いく》許《ばく》なるや社長答《しやちやうこた》へて云《いは》く我《わ》れ已《すで》に之《こ》れを算定《さんてい》せり凡各經《およそかくわたし》一百八英寸《ばいすん》にして側《かは》の厚《あつ》さ十二英寸《えいすん》の彈丸《たま》と鐵《てつ》を以《もつ》て製《せい》するときは其《そ》の重量《ちやうりやう》六

万七千四百四十「ポンド」とし「アルミニユム」を以《もつ》てするときは其重量《そのちやうりやう》一万九千二百五十「ポンド」に減却《げんきやく》すべし少將大聲《せうしやうたいせい》し呼《よ》んで云《いは》く最《もつと》も工業《こうげふ》の資金《もとで》に因《よ》ると云《い》ふも先《ま》づ此彈丸《このたま》の價額《ねうち》は幾許《いくばく》なるやを知《し》るや社長《しやちやう》答《こた》へて云《いは》く予已《われすで》に能《よ》く之《こ》れを知《し》れり其價額《そのあたひ》十七万三千五十圓《えん》なり諸《しよ》君《くん》よ決《けつ》して驚《おどろ》くに足《た》らず我《わ》が大業《たいげふ》をなすの資金《もとで》は十分《ぶん》我《わ》が手中《てのうち》に在《あ》る有《あ》るを以《もつ》て「アルミニユム」の價金《あたひ》は些少《わづか》のことゝ三人《にん》の會員答《くわいゐんこた》へて云《いは》く只我等《たゞわれら》は君《きみ》の爲《な》す所《ところ》に從《したが》はんのみ已《すで》に彈丸《たま》の論議確然其局《ろんぎかくぜんそのきよく》と結《むす》びたるを以《もつ》て先《ま》づ此會合《このくわいがふ》を終《をは》り退散《たいさん》したりき

第《だい》八回《くわい》　大砲沿革之畧傳《たいはうえんかくのりやくでん》

前回會議《まへのくわいぎ》に於《おい》て已《すで》に決定《けつてい》せし評論盛《ひやうろんさか》んに世上《せじやう》に蔓布《まんぷ》せしより或《あるひ》は怯懦《だ》の人《ひと》庶は二万「ポンド」の彈丸《たま》は如何《いか》なる大《おほ》ひきのものならんと思想《しさう》を起《おこ》し驚愕《きやうがく》し或《あるひ》は此《こ》の巨大《きよだい》なる彈丸《たま》に十分《ぶん》なる速力《そくりよく》と與《あた》ふるに如何《いか》

『九十七時二十分間月世界旅行』（1886 年）より

ではないでしょうか。もちろん、これだけ隣接しているのですから、あえてそうしているとみるのが自然かもしれません。それにしても、それだけの「バリエーション」があったのです。

七十一頁三行目の上の方には「資金《もとで》」とあります。これは「モトデ」という和語に、漢語「シキン」に使う漢字列「資金」をあてた例です。そうかと思えば、七十八頁の二行目には「資金《しほん》」があります。これなどは、漢語「シホン（資本）」を書くのに、わざわざ「資本」ではなく「資金」をあてています。

そうかと思うと、「乱狂」（三十一頁六行目）の三行後ろで「狂乱」を使ったり、「決定《けってい》」を使ったすぐ後で「決議《けってい》」（九十三頁四行目）と書いたり、まさに「自由自在」いや、すでに「しっちゃかめっちゃか」？

明治二十年頃までは、古典的な中国語＝漢語とともに、近代的な漢語も使われるようになり、漢語の様相も複雑、重層的になりました。新しい漢語を古い漢語で説明するというようなこともありました。そこに和語が入り、和語も「はなしことば」が「書きことば」に浸潤しはじめました。「アタエ」というような母音交替形は口語的にみえます。不統一といえば、不統一、一つの語は一つの書き方なんてことはまったくない、そんな時代です。

83 もとの漢字

平仮名は漢字の全体を変形させてできています。現在もっともみなれている漢字は「楷書体」の漢字です。楷書体の漢字は一つ一つの画が直線的ですね。しかし、行書体あるいは草書体の漢字は画がつながり、複数の画が連続的に、つまり「一筆」で書かれます。

楷書体の漢字を早く書いていくうちに行書体の漢字になり、そこから平仮名がうまれたというような「イメージ」があるかもしれません。それにちかい説明をしている本もあるようです。しかし、中国においては、楷書体と行書体とは異なる時期にできた書体でした。ですから、楷書体の漢字を「書き崩す」と行書体になるわけではないのです。

現在東京国立博物館に蔵されている「秋萩帖《あきはぎじょう》」と呼ばれる巻物があります。今は、「e国宝」というサイトで誰でも全巻のカラー画像を見る事ができます。この巻物の裏面には中国の「淮南子《えなんじ》」という書物が書かれているのですが、その裏面もみることができます。ほんとうに便利になりました。

さて、この「秋萩帖」がずっと、漢字から仮名ができる直前の「草仮名《そうがな》」で書かれていると考えられてきました。言い換えれば、「秋萩帖」の字がそうした過渡的な「草仮名」

であると推測されてきたということです。今もそうした説明がされているかもしれません。

しかし、最近の研究によって、この「秋萩帖」は仮名が成立した時期以降に書かれたものであることが指摘されています。そうであれば、「秋萩帖」は過渡的な状況を示しているのではなく、仮名を漢字風に書いたもの、ということになります。是非、「e国宝」で「秋萩帖」の字をみてください。

「秋萩帖」の字をみていくと、これは今使っている「あ」みたいにみえるなとか、「む」にちかいなということがあります。例えば「あ」は「安」、「む」は「武」がもともとの漢字です。

それでは、「よ」はどうでしょうか。「よ」は「与」がもとなんですね。「与」は「與」の略字なのですが、平仮名の「よ」は略字の「与」からうまれたと思われます。どの漢字からうまれたか定説がないものとして「つ」があります。「川」「津」「州」など幾つかの説があります。「の」はどうでしょう。「の」は「乃」からうまれたと考えられています。かわったものとしては「へ」があります。これは「部」の旁りの変形したものと考えられています。平仮名は漢字全体からつくられていることがほとんどですが、これは例外ですね。

84　いろいろなリンリン

「リンリン」で何を思い浮かべるでしょうか。壇上文雄作詞、白木治信作曲の「少年探偵団の歌」の「ぼ　ぼ　僕らは少年探偵団／勇気凛々瑠璃《りんりんるり》の色／望みに燃える呼び声は／朝焼空《あさやけぞら》に谺《こだま》する／ぼ　ぼ　僕らは少年探偵団」でしょうか。あるいは、一九五九年生まれの、香港出身の双子姉妹によるポップデュオ「リンリンランラン」でしょうか。古いなあという声が聞こえてきそうです。一九七三年に発売されたフィンガー5の「恋のダイヤル6700」、これも半世紀ほど前のことです。では、上野動物園で飼育されていたジャイアントパンダ「リンリン（陵陵）」でしょうか。それも古い？　では、アンパンマンの「勇気りんりんりん」（やなせたかし作詞、三木たかし作曲）でしょうか。この歌詞は次のようになっています。

　勇気の鈴が　りんりんりん
　ふしぎな冒険　るんるんるん

撥音を含むオノマトペ「りんりんりん」と「るんるんるん」とが対句的に配置されていて、なかなかうまくできています。ここでは「りんりんりん」が「勇気の鈴」の音ということになっています。これは「勇気凜凜」という語の「凜凜（リンリン）」をあえて鈴の音とみなしたのだと思います。「リンリン（凜凜）」は〈勇ましいさま・りりしいさま〉をあらわしており、江戸時代には「勇気リンリン」という表現が使われていますが、「リンリン」には「臨臨」をあてることもあったようです。また「威風凜凜」や「威儀凜凜」という表現があったことも確認できます。

金属が互いに触れ合う音や、鈴・ベルなどの鳴る音を表わす「リンリン」もあります。マツムシなどの秋の虫の声も「リンリン」あるいは「リーンリーン」と表現することがありますね。また、玉《ぎょく》や金属などが美しく輝くさまをあらわす「リンリン（燐燐）」もあります。色をあらわす「リンリン」はないようなので、そうだとすれば、「ルリ（瑠璃）」と子音を揃えて「勇気凜々瑠璃の色」という一まとまりの表現を作ったのかもしれません。

金属が触れ合う音、鈴やベルの音の「リンリン」は透明感がある音でしょうし、そのすっきりした音色がりりしさや勇ましさを感じさせるかもしれません。あるいは瑠璃色を思わせるかもしれません。音は聴覚でとらえ、色は視覚でとらえますが、そうした感覚、語感にはつながりがありそうだということがわかってきています。「共感覚」と呼ばれたりします。だから、いろいろな「リンリン」がつながっているような気がしてもおかしくはないのです。

85　火中の栗を拾う

『広辞苑』第七版で「火中の栗を拾う」を調べてみると、「〔ラ＝フォンテーヌの寓話から〕他人の利益のために危険をおかして、ばかなめにあうこと。あえて危険に身を投ずること」と説明されています。

このことわざはラ・フォンテーヌの『寓話』に収められている「猿と猫」の中のフランスのことわざに基づいていて、猿が猫をおだてて、煖炉の中の栗を拾わせ、猫がやけどをしたという話に由来していることがわかっています。

「火中の栗」だからなんとなく中国の話かなと想像してしまいますが、そうではないのですね。

日本では、前漢の韓嬰《かんえい》があらわした『韓詩外伝《かんしがいでん》』の表現をふまえた「石を抱《いだ》きて淵に入《い》る」という表現が、〈むやみに大きな危険をおかすこと。意味なく命を失ったり悲運をまねくことのたとえ〉として十二世紀頃から使われていました。おそらく、「火中の栗を拾う」という表現がヨーロッパから入ってくるまでは、こちらが使われていたと思われます。

石を抱いて淵、すなわち水の深いところに入ったら、当然沈んでしまいます。火中の栗を

日英同盟の風刺画（『中央新聞』1903年10月13日より）

拾うのだったら、やけどぐらいかもしれませんが、こちらは命にかかわりそうです。

　フランスのことわざがもとなので、イタリア、オランダ、スペインなどは「火中の栗を拾う」ですが、ドイツには「火中のジャガイモを拾う」という別バージョンがあるようです。さすがドイツ！　ルーマニアでは「他人のために自分の肌を酢漬けにする」。なんだかこわいですね。韓国の「火薬を担いで火の中に入る」はかなり危険です。ネパールの「スズメバチの巣に手を入れるな」は〈危険を冒すな〉という、「火中の栗を拾う」の反対の意味をもったことわざですね。スズメバチも、相当危険です。

　さて、世界史で「日英同盟」について学習した時に、教科書に前頁に掲げた風刺画が載っていなかったでしょうか。筆者はもしかすると、「火中の栗を拾う」ということわざをこの時に知ったかもしれません。『中央新聞』の一九〇三年十月十三日に掲載されたもので、日英同盟を風刺したものです。コサック兵（ロシア）が焼く栗＝韓国を英（イギリス）にそのかされた少年（日本）が取りに行こうとしていて、米（アメリカ合衆国）はそばに立って様子をうかがっている、というものです。絵画的な表現と結びつくとことわざはいっそう印象深いものになりますね。

86　紙の辞書と電子辞書

「あなたは紙の辞書派？　それとも電子辞書派？」電子辞書がひろく使われるようになった頃、こういう問いが発せられることがありました。「電子辞書」も、いろいろな形態があります。最初は、液晶画面とキーボードを備えた携帯できるようなサイズの電子辞書専用機（ＩＣ電子辞書）を指すことが多かったと思いますが、パソコンによみ込んで利用するＣＤ－ＲＯＭ辞書もあれば、パソコン、スマートフォン、タブレットなどにインストールして使う辞書アプリもあります。ここではごく一般的に、紙に印刷されていない辞書を電子辞書と呼ぶことにしましょう。

紙の手触りが好きだから紙派という人もいるでしょう。紙の辞書は調べていることばのまわりに他のことばがあって、それもいっしょに見ることができる、ということもあります。だからそもそも「どちらがいいか」という問いには答えにくいわけです。

そこで、「どちらがいいか」ではなくて、どこが違うか、ということを少し考えてみたいと思います。大学の授業がいわゆる「オンライン」で行なわれるようになりました。これまでもオンライン授業は認められていたのですが、それが一つの授業形態として定着したのが、二〇二〇年度だったといってもいいでしょう。インターネット上には、無料で使うことができる辞書がたくさんあります。また「コンテンツ」として提供されている辞書もあります。そうした辞書のほとんどが「検索機能」を備えています。調べたい語を探し当てるための「検索」は当然ですが、説明文の中やあげられている使用例まで検索できるものもあります。紙の辞書は見出しが五十音順に並んでいて、それによって見出しを検索しますが、説明文中の語や使用例の中の語までは検索できません。こうした検索ができると、辞書のもっている「情報」を十二分に活用することができます。これからの電子辞書は、どのような検索機能を備えているかということが大事になるでしょう。

検索という作業では、検索するために何かを入力します。その入力した語などに対して、「あります／ありません」を答えてくれているわけです。ですから、検索のしかたによって答えも変わってきます。うまく検索すれば、いろいろな「情報」を引き出すことができますが、そうでないとそれなりの「情報」しか引き出せません。

また、電子辞書にはページというものがありませんから、「辞書をよむ」ということはしにくいわけです。ですから、なんとなく辞書をながめていたい気分の時は紙の辞書、調べたいことがたくさんある時は電子辞書で検索というように、「場面」で使い分けるのがいいように思います。

語の意味とかたち⑭

87 ホロボロスとメッツボロス

二〇二〇年六月から十二月までテレビ東京系列で毎週土曜日の朝に『ウルトラマンZ』という番組が放送されていました。タイトルからわかるように、円谷プロダクションが制作しているウルトラシリーズの一つです。筆者はといえば、ウルトラマン世代なので、「おお、今はこうなっているんだ」と思ったりもしました。

毎週見ていたわけではありません（笑）が、古代怪獣ゴモラとか、透明怪獣ネロンガとか、旧シリーズに出てきた怪獣も登場したようで、ちょっと気になります。

さて、第十六話には、三三三三年周期で目覚め、地上に滅びをもたらすという古代の魔物「豪烈暴獣ホロボロス」が登場します。「滅びをもたらす」のだから「ホロボロス」。これは和語「ホロボス」に「ロ」を入れてつくられた名前でしょう。この「ホロボロス」がギルバリスメダルとギャラクトロンMK2メダルで強化された怪獣が「寄生破滅獣メツボロス」です。こちらは、「破滅獣」ですから、漢語「メッボウ（滅亡）」からつくられた名前でしょうね。どちらかといえば「やわらかい語感」を感じることが多い和語が、「固い語感」をもつ漢語に変わる。つまり「ホロボロス」が強化されて「メッツボロス」に変わるという設定も「うんうん」という感じです。

　和語「ホロボス」と漢語「メッボウ（滅亡）」とは意味に重なり合いがあります。例えば一七六頁で採りあげた、明治十（一八七七）年に出版されている『文明いろは字引』という名前の漢語辞書には「滅亡《めつばう》　ホロビル」（九十丁裏一行目）とあって、漢語「メッボウ（滅亡）」が和語「ホロビル」で説明されています。つまり、明治時代からこの二つの語は結びついていたのですね。

　和語「ホロボス」と漢語「メッボウ（滅亡）」の三拍目が同じ「ボ」であったために、「ホロボス」と「メッボロス」の「ボロス」の部分が重なり、二つの怪獣に関係があることがわかりやすい命名になっています。自分の尾をくわえた蛇、あるいは竜を図案化した「ウロボロス」と呼ばれる図像があります。世界各地にみられますが、それぞれの文化圏や解釈者によって「死と再生」や「世界の原型」といったさまざまな象徴的な意味が与えられています。この「ボロス」も関係があるのかなと思ったりもします。

　明治時代から二つの語は結びついていたと述べましたが、漢語の意味を、その漢語とちかい意味をもつ和語によって理解することはもっとも自然なことです。「メッボウの意味はホロビルだね」という理解のしかたです。『広辞苑』は……「メッボウ」を「ほろびてなくなること」と説明しています。自然な説明ですね。

88　ぎなた読み

表記法あれこれ⑭

ぎなたよみ【ぎなた読み】（「弁慶が、なぎなたを持って」と読むべきところを「弁慶がな、ぎなたを持って」と読むように）句読点を間違えた読み。

右は『広辞苑』第七版の記事です。現在では、句読点を使うことが一般的です。句点は文の終わりに付けるので、どこに付けるかを迷うことはあまりないと思います。

読点は「文の中の切れめに打つ点」（『三省堂国語辞典』第七版）ですね。「文の中の切れめ」は言い方を変えるなら、「ひとまとまり」ということです。どこまでを「ひとまとまり」ととらえるかは、人によって違いそうです。もちろん読点は文・文章の「書き手」が打つものですから、その人の感覚で打てばいいわけですが、「読み手」がこの人の読点の位置は、自分の感覚とは違うな、と思うことはあるでしょう。場合によってはそのことによって読みにくいと感じることもあるかもしれません。これは文・文章で、どのくらいの「情報」を「ひとまとまり」として受け渡しするかということとかかわっていると思います。あまり「情報」が多くならないうちに括って渡したい人、ある程度の分量の「情報」を受け取りたい人など、個人個人が言語生活で身につけた、「書き方」「読み方」というものがあって、それがいわゆる「文・文章のリズム」をつくりあげているということでしょう。現在は、「情報」を小さくまとめて受け渡しする「傾向」があるように感じます。それは「書きことば」が「話しことば」に近くなってきていることをあらわしているように思うのですが、どうでしょうか。

さて、漢字をどう使うかについては「常用漢字表」があり、外来語をどう書くかについては「外来語の表記」という目安が示され、かなづかいについては「現代仮名遣い」があり、送り仮名については「送り仮名の付け方」があるのですが、句読点の使い方については、そうした目安やルールがないといってもいいでしょう。

なぜでしょうか。さきほど述べたように、句点を打つところはだいたい決まっているので、わざわざ決める必要がなさそうです。逆に読点は、人によって使い方に幅がありそうです。ただ、幅がありそうだから、決めておく、という考え方もあるはずですが、そうはしていません。句読点は文・文章が切れる、切れない（＝続く）ということを示すものですが、かつては使われていませんでした。ということは……日本語は切れ目を明示しなくていい言語、言い換えれば、どちらかといえばつながっていくことを重視している言語だといえるのではないでしょうか。

89 冬の詩人・詩人の冬

「冬の詩人」といわれて、みなさんは誰を思い浮かべるでしょうか。高村光太郎を思い浮かべる方もきっといらっしゃると思います。大正三（一九一四）年十月二十五日に抒情詩社から出版された『道程』には一九一三年のものとして、「冬が来た」というタイトルの作品と「冬の詩」というタイトルの作品が、この順で収められています。

第三次桂内閣が総辞職するいわゆる「大正政変」が起こったのが、この一九一三年の二月十一日です。ベルクソンが心霊研究協会で、心霊学について講演したのが五月二十八日、五月二十九日にはバレエ・リュスの「春の祭典」がパリのシャンゼリゼ劇場で初演され、八月二十一日には、東北帝国大学が女性三名の入学を許可し、帝国大学初の女子学生がうまれた、というそんな年でした。ちなみにいえば、八月二十一日はこれにちなんで「女子大生の日」となっています。そして、翌一九一四年の七月二十八日には、オーストリアがセルビアに宣戦布告をして、第一次大戦が始まります。「冬が来た」の二連までをあげてみましょう。

冬が来た

きつぱりと冬が来た
八つ手の白い花も消え
公孫樹《いちょう》の木も箒《ほうき》になつた

きりきりともみ込むやうな冬が来た
人にいやがられる冬
草木に背《そむ》かれ、虫類に逃げられる冬が来た

イチョウが葉を落として「丸坊主」になったさまを「公孫樹《いちょう》の木も箒《ほうき》になつた」と表現しています。三連には「冬よ／僕に来い、僕に来い／僕は冬の力、冬は僕の餌食だ」とあって、力強い「宣言」のように感じられます。「冬の詩」では青年を「貧血な神経衰弱」、令嬢たちを「懦弱《だじやく》で見栄坊《みえぼう》」、奥様を「陰険」と表現し、そうした人々を「ちぢみあがらして／素手で大道を歩いて来た冬」と表現しています。「冬」は高村光太郎の「外」にあるのでしょうか、それとも「内」にあるのでしょうか、あるいは光太郎自身が「冬」なのでしょうか。引用した箇所の「虫類」はいわゆる旧字体の「蟲」ではなく「虫」が使われています。「虫」は旧字体が使われていた時期にも使われていたと思われ、こういうこともちょっと気になります。

90 江戸川乱歩の暗号

雑誌『新青年』の第六巻第四号（大正十四・一九二五年三月一日発行）に江戸川乱歩の「黒手組」という作品が載せられています。この作品は、同じ大正十四年七月十八日に春陽堂から出版された「創作探偵小説集　第一巻」にも収められています。

「黒手組」の冒頭には「またしても明智小五郎の手柄話です」とあります。「またしても」は「黒手組」にさきだって『新青年』第六巻第二号に発表されている「D坂の殺人事件」のことを指しているのでしょう。「黒手組」は暗号解読が作品の中心になっています。

葉書に一行十八字詰めで書かれている文章の、一行の先頭に漢字が並んでいるところに注目して、明智小五郎はこの暗号文を解読していきます。ごく簡単に説明すると、漢字を偏と旁《つく》りとに分けて、それぞれの画数を数えます。「好」という字であれば、女偏が三画で、旁りの「子」も三画になります。したがって、「好」は「3・3」ということになります。「叱」なら口偏が三画で旁りが二画だから「3・2」です。そして、偏の方の数字が十一まで、旁りの方が四までしかないところから、偏は「ア・カ・サ・タ・ナ・ハ・マ・ヤ・ラ・ワ・ン」と「ン」を含めた行に、旁りは「ア・イ・ウ・エ・オ」の母音に対応しているのではないかと推理します。そうであれば、「3・3」はサ行の三番目で、「ス」、「3・2」ならサ行の二番目で「シ」ということになります。ただし、「黒手組」では「一画の偏なんてない」ので、ア行の代わりにワ行を使うことになっていて、ここがちょっと残念なんですね。

乱歩先生、偏と旁りではなく、部首と部首以外の画数にすればよかったのに。部首であれば、「二」や「乙」など一画の部首があるんですね。「ア」だったら「1・1」だから「二」部一画の「二」とか、「乙」部一画の「九」とかが該当する漢字になります。濁音の場合は、×をつけて字を修正することになっています。半濁音についてはふれていませんが、それは作品としては必要がなかったからなのでしょう。「黒手組」が発表された頃は、促音に小書きの「つ」を使っていませんでしたから、タ行の「つ」と促音をあらわす「つ」とは同じように扱えばよかったし、「キャ」のような拗音も「きや」と書いていたので、右の方式で対応できます。

右の方式で漢字を数値化して、別の漢字に変えることもできますね。「乱」は乙部六画だから、「1・6」です。一画の部首「ノ」（のかんむり）六画「乕」（虎の異体字）は同じように「1・6」の漢字になります。このやりかたで、自分の姓名をまったく別の漢字に置き換えることができます。漢字を使って暗号を考えるのもおもしろそうです。

91　国字なのに音がある！

「音《おん》のない漢字」（一八一頁）では、日本でつくられた漢字＝国字には音がない、と述べました。原則としてはそうなのですが、国字の中に音をもっているものがあります。「働」は常用漢字表に載せられています。そして音「ドウ」、訓「はたらく」が認められています。しかし、「働」は国字です。図は一八二頁でも紹介した新井白石『同文通考』ですが、「国字」として「俤」とともに「働」があげられています。「活也動也」は「働」字の意味を漢文で示したものです。新井白石が言っているから正しいということではもちろんありませんが、この「働」字は『康煕字典』にも載せられていません。やはり日本でつくられた漢字です。もう一つの図は刊記に「天正十八年」とある『節用集』という辞書です。「東洋文庫叢行第十七」から引用させていただきました。実際に天正十八（一五九〇）年に印刷されて出版されたかどうかはわかりませんが、室町時代の末頃にはできあがっていたと考えていいでしょう。六行目に「働《ハタラク》」とありますね。この頃すでにこの国字が使われていたことの「証拠」といえます。

さて、「働」が国字だということになると「ロウドウ（労働）」って漢語＝中国語ではな

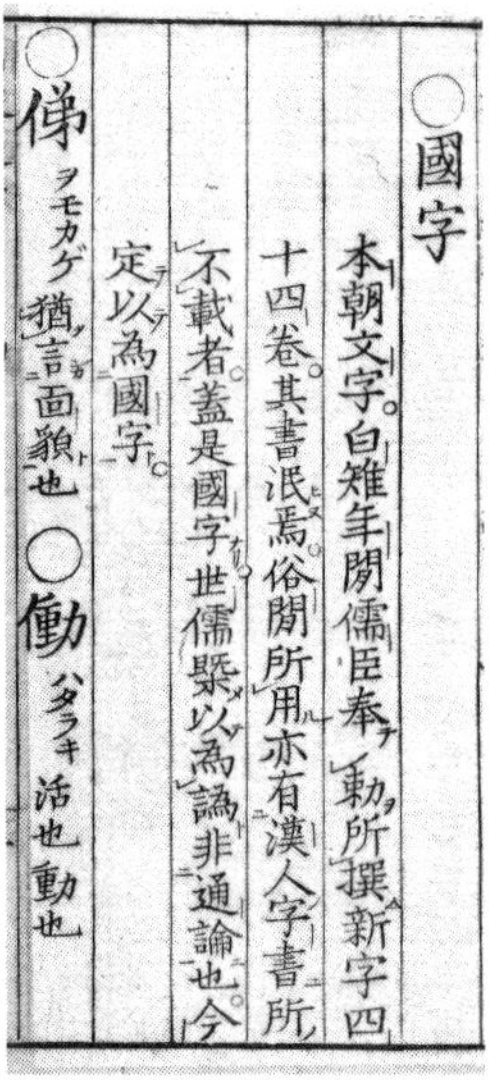

國字

本朝文字。白雉年間儒臣奉勅所撰新字四十四巻。其書泯焉。俗間所用亦有漢人字書所不載者。蓋是國字。世儒槩以為譌。非通論也。今定以為國字。

俤《ヲモカゲ》 猶言面貌也

働《ハタラキ》 活也 動也

『同文通考』(1760 年)より

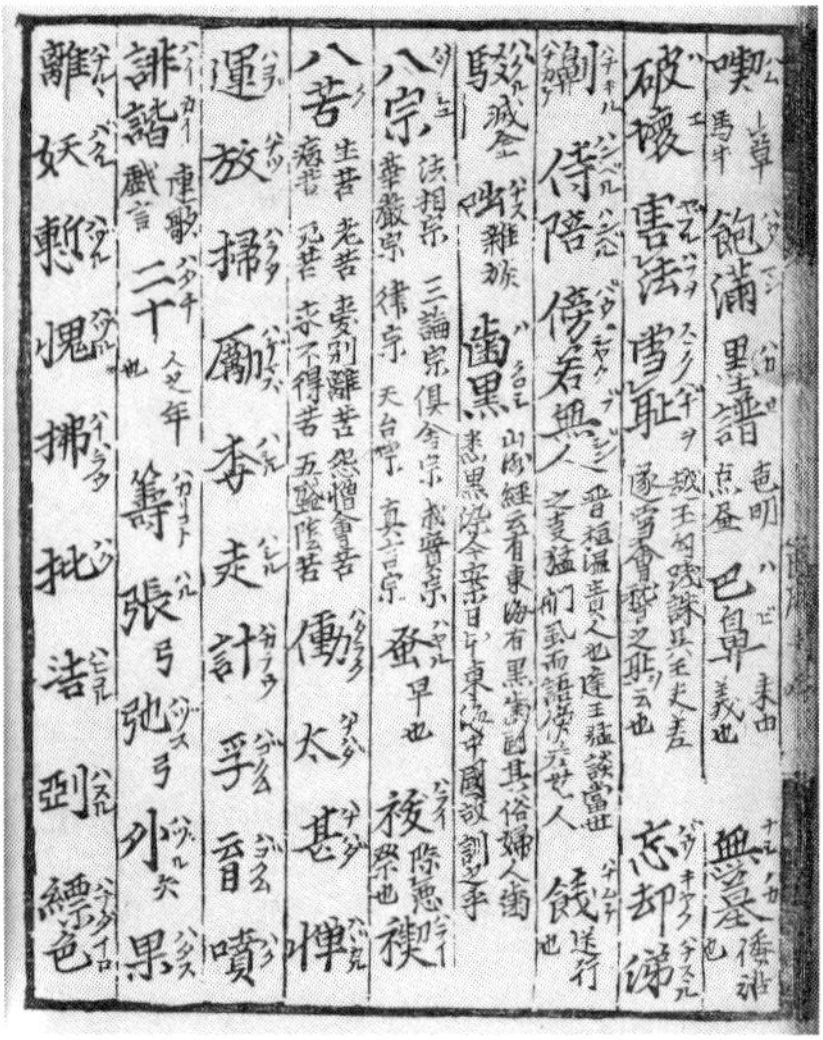

『節用集』(1590 年)より

かったの？　という話になってきます。〈からだの器官や機能などをはたらかせること・からだを動かすこと〉という意味の「ロウドウ」は中国語にもありましたし、日本でも、貝原益軒『養生訓』で使われているので、江戸時代には使われていたことがわかります。この場合は「労動」という漢字が使われています。

ここで『附音挿図英和字彙』という明治六（一八七三）年に出版された英和辞書の助けを借りることにしましょう。この辞書で「labour」を調べると、「工作《シゴト》、業《ワザ》、勤労、辛苦、分娩《ウミオトシ》ノ苦痛《クツウ》」と説明されています。この辞書は明治十五年に第二版が出版されるのですが、その第二版では「工（シゴト）、労（ラウ）、業（ワザ）、工作（コウサク）、工夫（クフウ）、労動、勤労、辛苦、分娩（ウミオトシ）」と説明しています。この説明の中に「労動」とあります。このあたりから、「ロウドウ（労動）」という語が使われ始めたと推測できます。これは現在使っている「ロウドウ（労働）」と同じ意味ですね。この「労動」を「労働」と書くようになったのが、おそらく明治十年前後だろうと思います。なぜそう推測するかといえば、その頃出版されている、漢語を見出しにしている「漢語辞書」には「労動」「労働」がともにみられるからです。

もともとは音をもたない国字であった「働」は旁りが「動」ですから「ドウ」という音を持ちやすかったともいえます。一つの漢字にも「歴史」があるのですね。

92 ムクゲかモクゲか

森鷗外の「舞姫」は教科書にも採りあげられており、よく知られている作品だと思います。鷗外は大学を卒業した後、陸軍の軍医になり、陸軍省派遣留学生としてドイツで四年間を過ごします。帰国後の明治二十三（一八九〇）年に雑誌『国民之友』一月号に発表した作品が「舞姫」です。鷗外は同じ年に「うたかたの記」を『柵《しがらみ》草紙』に発表し、翌明治二十四年には『新著百種』第十二号に「文づかひ」を発表します。「舞姫」はベルリン、「うたかたの記」はミュンヘン、「文づかひ」はドレスデンを舞台にしており、鷗外自身もこれら三作をひとまとまりのものとしてとらえているようですが、一般的にも「ドイツ三部作」と呼ばれることがあります。

「文づかひ」の自筆原稿は現在大阪樟蔭女子大学に蔵されていて、複製も刊行されています。複製は原稿の状態をよく再現しています。「文づかひ」に「入りて見れば、しろ木槿《もくげ》の花咲きみだれたる奥に、白堊《しらつち》塗りたる瓦葺の高どのあり」というくだりがあります。振仮名は原稿に施されているのですが、「木槿」の振仮名は「もくげ」です。ムクゲは現在でもあちらこちらで見かけるような植物で、「ムクゲ」と呼ぶことが一般的でしょう。そうすると「モクゲ」？　鷗外訛ってる？　と思ってしまいますが、「モクゲ」という語形も江戸時代には確認できます。ただ、自筆原稿をよくみると、「もくげ」の箇所は紙を貼っているのです。その下には……なんと最初は「む」と書かれていることがわかります。鷗外は最初は「むくげ」と書いて、後から「もくげ」と修正したということです。鷗外が使っている語形は「ムクゲ」だったからまずは「むくげ」と書いた。しかし、「木槿」という漢字列を使ったから、「木」に合わせて「モクゲ」という語形を使うことにした、ということは考えられそうですが、ほんとうのところは、鷗外に聞いてみるしかなさそうです。

「ムクゲ」と「モクゲ」とを比べてみると「ム」と「モ」とが違うだけです。さらにいえば、［mu］と［mo］ですから、母音が［u］であるか［o］であるか、という違いです。どちらの語形をもとにしてもいいのですが、とにかく母音が交替しているので、「母音交替形」と呼びます。「タヌキ（狸）」に対しては「タノキ」が、「クヌギ（櫟）」に対しては「クノギ」が母音交替形にあたります。「タノキ」「クノギ」なんて語形あったの？　と思われるかもしれませんが、これらの語形は室町時代の文献で確認できます。九十七頁で話題にした「惚れた腫れた」も母音交替を使ったことばあそびでしたね。

93 そこんとこヨロシク！

「ヨロシク」を「夜露死苦」と書くという話があります。ロックバンドの氣志團の四番目のアルバム『愛羅武勇』（二〇〇五年十月二十六日発売）にはアルバムタイトルと同名の曲が収められており、その曲中でも「愛羅武勇」が「アイラブユー」と連呼されています。『こちら葛飾区亀有公園前派出所』略称「こち亀」の登場人物「擬《ぎ》宝《ぼ》珠《し》纏《まとい》」の父親は「擬《ぎ》宝《ぼ》珠《し》夜《よ》婁《ろ》紫《し》喰《く》」です。

「ヨロシク」を「夜露死苦」や「夜婁紫喰」と書いたり、「アイラブユー」を「愛羅武勇」と書いたりするのは、いわゆる「当て字」ということになります。二〇二頁でもふれましたが、「当て字」という用語は概念がはっきりと規定されていない面がありますが、そこは気にしないことにしましょう。

江戸時代、寛政十（一七九八）年頃に出版された「麁《そ》相《そう》案《あん》文《もん》当《あて》字《じ》揃《ぞろえ》」という本があります。作者は『南総里見八犬伝』や『椿《ちん》説《せつ》弓《ゆみ》張《はり》月《づき》』などで知られる曲亭（滝沢）馬琴です。江戸時代の後期、安永四（一七七五）から文化三（一八〇六）年頃に黄色の表紙で刊行され、滑稽や風刺、しゃれなどを織り交ぜた大人向けの絵入り小説本がありました。表紙の色から黄表紙と呼ばれるのですが、「麁相案文当字揃」はその黄表紙です。この本の中に、「ヨロシクタノミアゲソロ」を「四六四九他之身上候」と書いたところがあります。まあ、しゃれということなので、これをもって江戸時代にも「夜露死苦」的な書き方があったというのは、気が早いでしょう。しかし、こういう書き方を載せている辞書はあります。

元禄六（一六九三）年に出版された『広益字尽重宝記綱目《こうえきじづくしちょうほうきこうもく》』という辞書があります。この辞書には「如狐々々《によこによこ》」「如鷺々々《によろによろ》」とあります。そうかと思えば、「音逆《をぎやあ》」があります。これにはちゃんと「赤子《アカゴ》の泣《ナク》声」という説明がついているので、赤ちゃんの泣き声であることがわかります。「下路々々《をろをろ》」「愚乱々々《ぐらぐら》」「瓦堕々々《ぐはたぐはた》」「瓦落々々《ぐはらぐはら》」「颯颯颯《ざざんざ》」「雑《ざ》分々々《ぶざぶ》」「散乱々々《さらさら》」「雑乱々々《ざらざら》」もあれば「虚労附《きよろつく》」「奇羅美《きらびやか》」「愚弱離《ぐにやり》」「忽法理《こつほり》」「颯乱《さら》離《り》」「取次筋斗《しどろもどろ》」「狌々《すいすい》」もあります。

狌は『康熙字典』にも載せられていませんし、もちろん『大漢和辞典』にも載せられていません。こんな漢字をどこからもってきたのだろうと思いますが、とにかくさまざまな書き方がみられます。「愛羅武勇」の「羅」と「奇羅美《きらびやか》」の「羅」が重なっているのもおもしろいですが、「グニャリ」にはなんとなく漢字の意味も考えてあるようで、それもおもしろいですね。基本的には漢字を表音的に使っているわけですが、でもやっぱり漢字の意味は考える。それは自然なことだろうと思います。漢字は意味から離れにくい文字です。

94 いろいろな色

「オリンピックの開会式の時間短縮には放送局が難色を示した」というように使われる「難色」という漢語には「色」という字が含まれています。「難色」の「色」はどういう意味なのでしょうか。『岩波国語辞典』第八版（二〇一九年）は「それはむずかしいと、しぶる様子」と説明しています。同じ岩波書店から出版されている『広辞苑』第七版は「むずかしいとする顔つき。不承知または非難を示すようす」と説明して「―を示す」というかたちで使用例をあげています。この使用例は『岩波国語辞典』も同じです。『広辞苑』は単に「様子」と説明するのではなく「顔つき」と説明しています。「難色」の「色」は〈顔色・顔つき〉という意味なんですね。「難色」の意味が〈難しいなあという顔つき〉だから、動詞は「示す」が使われるわけです。

漢字二字で構成されている漢語全体の意味を、漢語を構成している一つ一つの漢字の意味から推測したり、理解したりするという「方法」は古くからずっと行なわれてきているといっていいでしょう。右の例でいえば、「色」の意味から「難色」という漢語全体の意味を推測するということです。

さて、「物色」はどうでしょうか。現在では、〈多くの中から目的に合う適当な人や物を捜すこと〉という意味の動詞として「物色する」というかたちで使うことがほとんどではないでしょうか。「室内を物色していた不審人物が逮捕された」というような使い方ですね。

「物色」には文字通り〈物の色〉という意味があります。また「物色する」というように動詞で使われることもありましたが、その場合は〈容貌によって人を捜すこと。大勢の中からその人を捜すこと〉という意味でした。やはり〈容貌〉〈顔つき〉だったわけです。二十世紀になると〈多くの中から目的に合う適当な人や物を捜すこと〉という意味での使用がみられるようになります。〈容貌によって人を捜すこと〉から〈人や物を捜すこと〉に、いわば意味が拡大したことになります。意味が拡大する場合には、具体性がなくなることが多いですが、この場合もそうですね。

それでは問題です。「才色兼備」というように使われる「才色」の意味が〈才能と容貌〉であることはおわかりになると思いますが、「潤色」の「色」はどのような意味でしょうか。光彩・飾りといった意味ですね。時には、このように漢語の意味を考えてみるのもおもしろいかもしれません。

95 『言海』と国語辞書の条件

明治二十四（一八九一）年に出版が完結した、大槻文彦編『言海《げんかい》』は、後に続く国語辞書のモデルとなりました。この『言海』の冒頭には「本書編纂《ほんしょへんさん》ノ大意《たいい》」という箇条書きになっている文章が置かれています。大槻文彦がどのようなことを考え、目指して、『言海』を編集したか、ということについての説明です。

注目すべきことがたくさん記されていますが、次の二点は特に重要だと思います。一つは、「日本普通語ノ辞書」だということをまず述べていることです。「普通語」がどのような範囲の語を指しているのか、ということについては議論もありますが、ここではひろく使われている語、ぐらいに考えておきましょう。そして、その一方で「専門語」は見出しとしなかった、ということを述べています。この「専門語」もどのような範囲の語であるか、十分に検証されているわけではありませんが、現在いうところの「学術専門用語」にちかいもの、とひとまずは考えておきましょう。つまり、「普通語」を見出しにして、「専門語」を見出しにしない、ということを明確にしているということです。

次に注目したいのは、辞書には「発音」「語別」（＝品詞別）「語原」（＝語源）「語釈」「出典」が備わっていなければいけないと述べている点です。『言海』は最初は官版すなわち公の出版物として出版することを前提に編集が進んでいたのですが、最終的には大槻文彦が私費で出版することになりました。そのため（といっていいかどうかもはっきりしませんが）、最後に多くの「出典」を削りました。したがって、『言海』には「出典」がほとんど示されていません。しかし、本来的には必要だ、と述べています。

さて、右の五つのうち、現代の国語辞書のほとんどが備えているのは、「語別」「語釈」の二つでしょう。「発音」を示す辞書はきわめて稀です。これは、国語辞書という名前がついているような辞書は、日本語を母語とする人が使うということが暗黙のうちに前提となっているからだと思います。母語なので発音をわざわざ示す必要がないということです。もしも国語辞書を日本語を母語としない人が使うようになるのだとすれば、あるいはそういう人も使ってもらうことを想定するのであれば、「発音」は示す必要が出てくることになります。現代の国語辞書は「語源」もあまり示していません。これには理由があります。日本語は系統のちかい言語がはっきりしていません。そのために、「語源」がつかみにくいのです。示したくても示せないといえばいいでしょうか。

『言海』が国語辞書の条件として示した五つのうちの二つは現代の国語辞書に確実に継承されています。だから『言海』が近代的な国語辞書のさきがけと評価されるのですね。

96　日本語は語源を探るのが難しい

前項「『言海』と国語辞書の条件」のところで、日本語は「語源」については考えにくいということを述べました。そこで採りあげた『言海』で、「ねこ」を調べてみましょう。すると、「ねこまノ下略、寐高麗ノ義ナドニテ、韓国渡来ノモノカ、上略シテ、こまトモイヒシガ如シ、或云、寐子ノ義、まハ助語ナリト（以下略）」と記されています。

「ねこ」は「ねこま」の下、つまり「ま」を略したものだというのですね。「ねこま」という語はたしかにあったようです。さて「ねこま」をもともとの語形とみて、その「こま」は韓国すなわち高麗じゃないか、と考えるわけです。「高麗《こうらい》」を「こま」ということがある。「ねこま」を「ね・こま」と分解した上で、「ね」には「寐」、「こま」には「高麗」をあてたのが、「寐高麗ノ義ナドニテ」というあたりです。そして「或云（あるいはいう）」と一転して、今度は「ねこ」にそのまま「寐子」と漢字をあてます。つまりネコ（猫）というのはいつも寝てばかりいるから、〈寝ている子〉ということなんじゃないか、ということですね。この語源説？　は江戸時代にすでにありました。「ねこま」の「ねこ」が〈寝ている子〉だということになると、今度は「ま」は？　ということになるので、それは「助語」すなわち、なんだかわからないけど、助けとして添えられたものだから、まああまり気にしないで、という説明です。

結局「ねこま」という語形があることから、下の「ま」を省略して「ねこ」になったんだとか、言っているわけで、全然はっきりしていないわけです。ちなみにいえば、現在出版されている大型国語辞書『日本国語大辞典』は「鳴き声に、親愛の気持を表わす『こ』の付いたもの」という説明を掲げています。鳴き声ですから、ネコが「ネー」と鳴いて、それに「どじょっこふなっこ」についているような「こ」がついたという説明ですね。みなさんはどの「語源説」が納得できますか。

ずいぶん説が分かれていますね。それはなぜでしょうか。ここで表題に戻るのですが、それは日本語と系統のちかい言語がはっきりとわかっていないからなのです。はっきりと関係が証明されている別の言語があれば、その言語の「情報」を使って、語を分解したり、その分解した小さな単位の意味を探ったりすることができます。しかし、そのような「別の言語」がないと、日本語の語源を日本語内部の「情報」のみで探らなければなりません。これはかなり難しいことです。というわけで、日本語については「語源」を科学的に考えることが難しいのですね。他の言語の助けを借りずに、つまり自分だけで考えることには限界がある、といういい例のようにもみえます。

97 探梅と春信

和歌は五・七・五・七・七でつくられますが、上句に相当する五・七・五（長句）と下句に相当する七・七（短句）とを別々につくって合わせるのが（短）連歌です。その七・七にさらに五・七・五をつなげて、長句・短句・長句・短句とつなげていく長連歌が次第に行なわれるようになりました。院政期頃から江戸期にかけて流行します。室町時代には、いわゆる「五山文学」が盛んになり、その中で、日本語で作った長句、短句の和句に五言の漢（詩）句をつなげる「和漢連歌」が行なわれるようになりました。和句から始まるものが「和漢連歌（和漢聯句）」、漢句から始まるものが「漢和連歌（漢和聯句）」です。

その和漢連歌のきまりについて述べている『連歌新式　和漢篇』という書物の、季節を定めて使うべき語が並べられているところに、表題にした「探梅《たんばい》」と「春信《しゅんしん》」とが記されています。

「探梅」は〈早咲きの梅の花を探して歩くこと〉で、「春信」は〈春のたより〉です。「音信不通」という語があるように、「信」には〈たより・おとずれ〉という意味がありますね。梅は春を告げる花、ウグイスは春を告げる鳥とされてきました。ウグイスのことを

「春告げ鳥」ともいいます。「春告鳥《はるつげどり》」をタイトルにした、江戸向島を舞台に、町家の若旦那鳥雅と女性たちとの恋愛模様を描いた、為永春水の人情本（一八三六〜一八三七年刊）もあります。

花や鳥に季節を感じる、花や鳥によって季節の移り変わりを認識するという感覚は、現在失われつつある感覚かもしれません。「探梅」や「春信」という語の存在を知ることによって、改めてそういう「感覚」を思い出す、そういうみかたがあるのだなあと思うことは大事なことだと思います。「探梅」という語には春のおとずれを待ちかねて、もう梅が咲いているところがないだろうか、という気持ちがこめられているようで、この梅は、野原に咲く「野梅《やばい》」がふさわしいように思います。山道の両側が少し開けていて、その日当たりのいい傾斜地に咲き始めている梅、そんな感じでしょうか。

探梅や枝のさきなる梅の花　　高野素十

探梅のどろんこの足袋《たび》提げてをり　　米澤吾亦紅

やっと見つけた枝先の一輪の梅。梅を探して、きょろきょろしていて田圃に落ちてしまったのでしょうか。ちょっとユーモアのある句ですね。

98　消えそうなもの

一九九五年にウィンドウズ95が発売されてからすでに四半世紀が過ぎました。二〇二〇年は新型コロナウイルスの世界的な感染拡大によって、「Information Technology」（ＩＴ）が仕事や教育などさまざまな面で話題になり、注目され、そして「駆使」されるようになりました。大学では、教員と学生とが一堂に会して行なうのではないかたちの授業が模索され、行なわれるようになりました。そうした中で、「電子化」ということの重要性もこれまで以上に意識されるようになったといえるでしょう。

少し前から、貴重な文献もそれを所蔵している機関によってインターネット上に公開され、インターネットに接続できる人は誰でもそれを「閲覧」できるようになりました。筆者が大学生だった頃は、所属している大学の図書館を通じて閲覧申請をだし、それが許可されるまで、待ち、それから所蔵機関にでむき、限られた時間の中で、使っていいのは鉛筆と紙だけ、というような状況で、その時間内にできるだけ書き写す、ということをしていました。当然その場でその文献を読むことができなければ、「何も持ち帰れない」わけです。

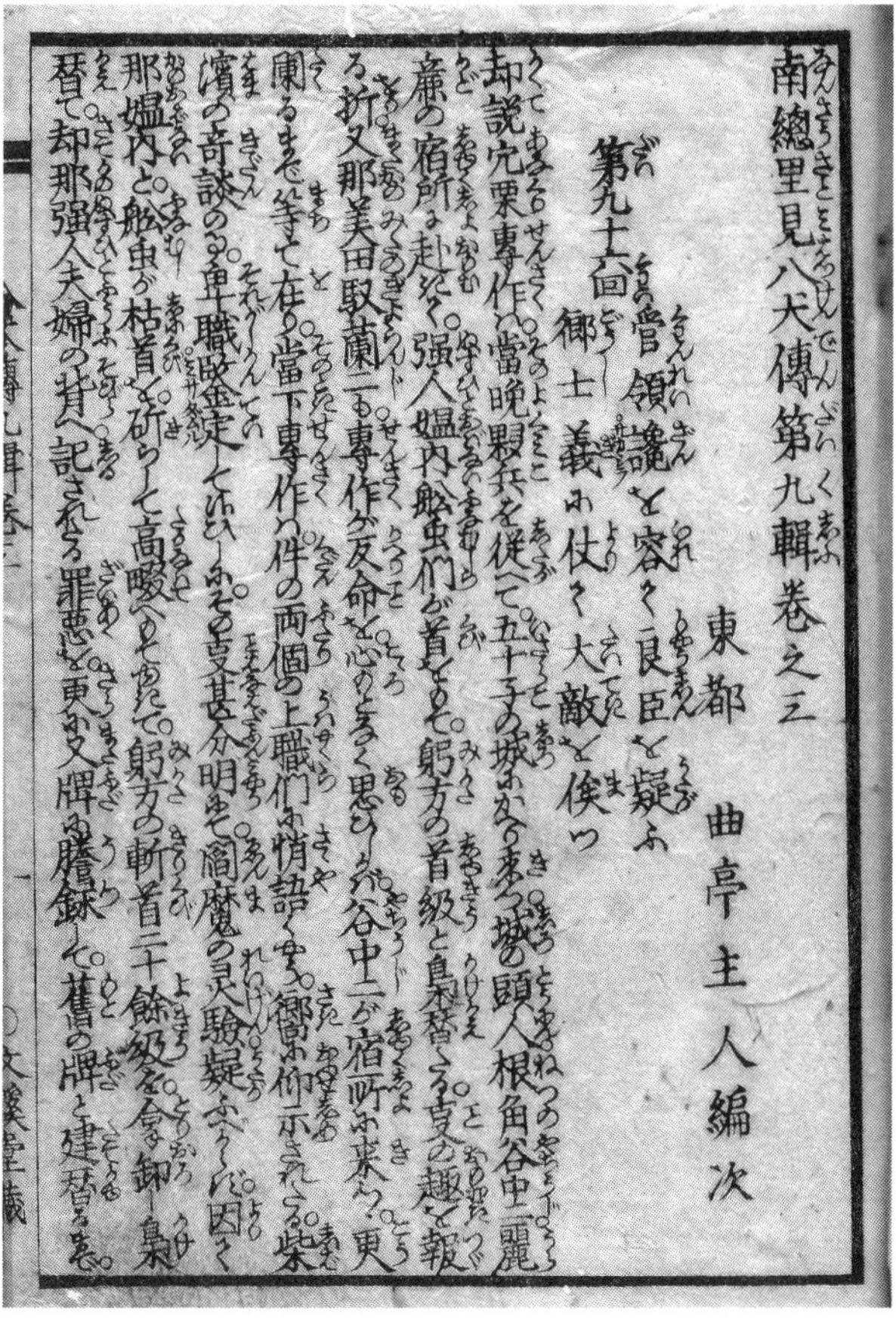
南總里見八犬傳第九輯巻之三
東都　曲亭主人編次
第九十二回　管領讒を容て良臣を疑ふ　郷士義に仗て大敵を俟つ
却説究竟專作は。當晩鄙兵を従へて。五十子の城にかへり來つ。城の頭人根角谷中二麗
廉の宿所に赴きて。強人媼内船虫們が首を携て。躬方の首級と鳥那替たる事の趣を報
る折又那美田敷蘭二も。專作が反命を心もとなく思ひし。谷中二が宿所に來つ。更
闌るまで等て在り。當下專作は件の両個の上職們に情語て。郷に御示されたる柴
濱の奇談のる。卑職鑑定して云々。その事甚分明にて閻魔の靈験疑ふべくもあらず。因て
那媼内と船虫が枯首を研らして高暖にかけて。躬方の斬首二十餘級を合て。御鳥
替て却那強人夫婦の背へ記されたる罪悪を更に又牌に謄録して。舊の牌と建替る處。

『南総里見八犬伝』（1814 ～ 1842 年）より

図は、曲亭馬琴の『南総里見八犬伝』第九輯巻之三の冒頭です。『南総里見八犬伝』は文化十一（一八一四）年に刊行が始まり、天保十三（一八四二）年に完結しています。一八四二年から二〇二〇年まで、一七八年間あります。これが長いのかそうでもないのか、ということですが、図がそのまま読める人が現在の日本列島上にどれくらいいるのでしょう。それは一七八年前の日本語がそのまま理解できるか、という問いでもあります。

『南総里見八犬伝』はほとんどの漢字に振仮名が施されているので、振仮名をたよりに読んでいくことができます。ただし、振仮名はいわゆる「変体仮名」も交えているので、それを読む必要があります。また漢字はほぼ楷書体にちかい書体が使われていますが、時々行書体や草書体が使われることがあります。後ろから二行目の下の方に「拿卸《とりおろ》し」という箇所があります。「拿」は「手」の部分だけ草書体の形になっています。上部は楷書体、下部は草書体の「ハイブリッド漢字」です。行書体、草書体が読めないと明治時代を含めて、それ以前の手書きされたものは読めないことになりそうです。

最終行のやはり下の方に「舊《もと》の牌《ふだ》」とあります。「舊」は現在使っている「旧」のもとの字、一般的にいうところの「旧字体」です。「旧字体」も読めないといけません。「変体仮名」「行書体・草書体」「旧字体」は現在の言語生活の中から急速に姿を消していっているように感じます。あと四半世紀経過した時にはどうなっているのでしょうか。

99　化石的な形容動詞

お昼にゆっくり外食ができない時には、お弁当があると助かります。最近では、お弁当の中身を、漫画やアニメなどのキャラクターに模したり、電車や自動車、風景などに模す「キャラ弁」もありますね。かつては、「たこさんウインナー」か「リンゴのウサギ」ぐらいしかなかったと思いますが、今はお弁当もにぎやかです。

さて、『広辞苑』で「弁当」を調べてみると、「①外出先で食事するため、器物に入れて携える食品。また、その器物」「②転じて、外出先や会合などでとる容器入りの食事」と説明しています。②は「外へ食べに行く時間がもったいないから弁当をとって、食べながら会議を続けよう」というような時の「弁当」ですね。この①②が現在の「弁当」の意味だと思います。

しかし、どうも「その前の意味」がありそうです。漢字が「弁当」ではなく「便当」なのですが、〈便利なこと、都合がよいこと〉という意味の「ベントウナリ」という形容動詞が室町時代頃の文献で使われています。この「便当」は中国の俗語だと考えられています。

「殿、今日はおにぎりを持ってきました」「それはベントウな物を持って来たな。さっそく食べようか」これは持って来たおにぎりが「便利な物だ」ということです。おにぎり、すなわち携行してきた食べ物が「便利な物」なわけですが、次第にその「携行してきた食べ物」そのものが「べんとう（弁当）」と呼ばれるようになっていったと考えられています。他の説もありますが、この説が有力視されています。

さて、お弁当にきなこ餅は持っていかないと思いますが、きなこをまぶしたお餅が「キナコモチ」ですよね。「キナコ」は？　ダイズを煎って細かくひいて粉にした、あの黄色い粉ですよね。今「黄色い粉」と表現しましたが、「キナコ」は「黄なる粉」で、「黄なる」の部分は形容動詞です。日本語においては「シロ」「クロ」「アカ」「アオ」が基本となる色の名前です。黄色は、基本の色のあとからできたと思われます。現在は「キ（黄）」ではなく、それに「イロ（色）」がついた「キイロ」に「イ」をつけて「キイロイ」という形容詞にしていますが、それよりも前に、「キナリ（黄）」という形容動詞ができていて、それが「キナコ」という名詞にいわば化石のように残っているのだと思われます。

「弁当ナ」「黄ナ」、現在は使わない、あるいは化石的になっている二つの形容動詞の話でした。

100 「ん」の前と後

漢字の読みの問題で「観音」「三位一体」が出題されることがあります。答えは「カンノン」「サンミイッタイ」です。では、漢字をよくみてみましょう。「観音」は「カンオン」と発音しそうなのに、「カンノン」、「三位一体」は「サンイイッタイ」ではなくて「サンミイッタイ」です。「ノ」と「ミ」はどこからでてきたのでしょうか。実は直前の「ン」が原因です。「カンノン」「サンミイッタイ」の二番目の「ン」は仮名というより、撥音をあらわす符号とみておきましょう。「ン」の位置に撥音があるということです。さて、右のことは「連声《れんじょう》」と呼ばれる現象です。簡単にいえば、「三（サン）」の「ン」と「位（イ）」とが合わさって別な音になる、という現象です。撥音「ン」と「イ」とが合わさるとなぜ「ミ」になるのでしょうか。これは「サン（三）」の撥音が［m］だからなのです。「カンノン」の場合は、「カン（観）」の撥音が［n］なので、「ノ」という音がうまれてきます。

右のことは、撥音の「前」の話でしたが、今度は撥音の「後」を考えてみましょう。そのためにちょっとした実験をしてみましょう。「（これは）本だ」「本も（ないのか）」を発音してみてください。発音してから、「ホンダ」の「ン」と「ホンモ」の「ン」とを比べてみてください。どうやって発音していますか。そもそも口の形がまったく違うのではないでしょうか。「ホンモ」の「ン」は直後で「モ」を発音しなければならないので、「モ」を発音しやすいように唇を合わせていますね。「サンマ（秋刀魚）」を発音しても同じです。ここででている撥音の具体的な音は［m］です。「ホンダ」の「ン」の箇所ででている撥音の具体的な音は［n］です。「ミンナ」を発音しても同じですね。このように撥音は次にどのような音がくるかによって、具体的にでる音が変わります。

ここまで撥音には［m］の撥音、［n］の撥音があることを確認してみましたが、「本が（ある）」の「ン」は［ng］の撥音です。撥音の位置には、「ん」「ン」を書きます。ということは、実際にはいろいろな音の撥音がありますが、それを「撥音」という一つの音ととらえているということです。

さんま焼くや煙突の影のびる頃　　寺山修司

この句をみて、みなさんは初句が「字余り」だなと思ったのではないでしょうか。「字余り」といういいかたをしますが、「サンマヤクヤ」を指を折って「六」と数えているのは文字の数ではなく「拍」を数えているのです。そして、撥音もちゃんと一拍と数えるのです。

クイズの答え

【25「この地名・人名が読めますか?」(七一頁)の答え】
①シェークスピア ②アークライト ③スペイン ④リビングストン ⑤ブルームフィールド ⑥ジョンソン ⑦コペルニクス ⑧アフリカ ⑨ミルトン ⑩パリス ⑪リバプール ⑫グラスゴー ⑬ベーコン ⑭アレキサンドリア ⑮エジプト ⑯ジェームスワット ⑰ランカシャー ⑱マンチェスター ⑲イタリー ⑳ニュートン

【50「俳句の穴埋め問題」(一三〇頁)の答え】
①によつぽり ②ふくふく ③ひやひや ④ほこほこ ⑤ふわふわ ⑥ぽきぽき ⑦ほろほろ ⑧ガバリ ⑨よろよろ ⑩へなへな ⑪はらはら ⑫かわかわ ⑬ぽつとり ⑭ぺたりぺたり ⑮のらくら ⑯てらてら ⑰よろよろ ⑱むつ ⑲むにやむにや ⑳ひよろひよろ

【75「超難問! 文豪クイズ」(一八五頁)の答え】
①いつか ②ボタン ③とけい ④めまい ⑤とんぼがえり ⑥ふたりのり ⑦おいはぎ ⑧くまで

おわりに

二〇二〇年は、新型コロナウイルス感染症（COVID-19）の感染が世界的に拡大し始めた年として、記録され、記憶される年になることでしょう。COVID-19の拡大によって、日本もそして世界の国々も大きな影響を受けました。そうした中で、いろいろなことを目にし、耳にし、考えることがあったと思います。「分断」という語も使われました。具体的な一人一人が違うということを改めて意識することも少なくなかったように思います。

本書は「日本語の教養」を書名にしています。筆者は、以前新書の原稿を書くにあたって、編集担当者に「嘘は書けない」と伝えたことがあります。担当者は「それはあたりまえでしょう」と言いましたが、その後「フェイクニュース」や「オルタナティヴファクト」という語が使われるようになりました。「嘘は文字化されていないのが当然」から「真実を見極めなければ」という時代に変わってきたともいえるでしょう。

映像が多くの情報を伝えることもあります。しかし、やはり多くの情報は言語化されてやりとりされます。そうであるならば、言語、日本語をどう使うかということが大事なことになります。時間軸に沿って日本語を歴史的にとらえることによって、そこに「動き」を感じることができます。「日本語が使われている空間」をイメージすることでも「動き」を感じることができます。時間と空間の中に言語、日本語があって、それは伸縮自在に動いている、そういう感じをもつことが「教養」なのかもしれません。

日本語を母語としている人は、「はなしことば」を自然に修得します。自然に修得しているので、修得したという感覚が希薄です。COVID-19はこれまで当たり前だと思っていたこと、自然だと思っていたことがそうではなかった、と気付くきっかけにもなりました。これまで当たり前のように使っていた「はなしことば」そして「書きことば」について本書が考えるきっかけになればさいわいです。

本書では積極的に「詩的言語」を採りあげました。「詩的言語」は情報の伝達のしかたが一般的な「伝達言語」とは違います。「あなたが好きだから会いにきたよ」とは言わずに、「あなたの家が見たくなったから近くまで来てみました」と言う。まわりくどいと感じもしますが、用意周到に考えられた表現であるともいえます。なんでもずばずば言えば伝わるというものでもありません。言語をよく考えて丁寧に使う。そういうことと「詩的言語」はちかい位置にあると思います。十四歳向けの本の袖に「毎日使うものだから、ずっと使うものだから、いつも身近なものだから、大切に、丁寧に使いたい日本語」と書いたことがあります。この気持ちを大事にしていきたいと思っています。

二〇二一年一月

今野真二

ジャンル別索引

かな／カナの世界

語の意味とかたち

表記法あれこれ

辞書をよむ

ことばであそぶ

ジャンル別索引

ことわざや四字熟語

詩のことば

《コーヒーブレイク》

河出新書 027

日本語《にほんご》の教養《きょうよう》100《ひゃく》

二〇二一年二月一八日 初版印刷
二〇二一年二月二八日 初版発行

著者 今野真二《こんのしんじ》
発行者 小野寺優
発行所 株式会社河出書房新社
〒一五一-〇〇五一 東京都渋谷区千駄ヶ谷二-三二-二
電話 〇三-三四〇四-一二〇一［営業］／〇三-三四〇四-八六一一［編集］
http://www.kawade.co.jp/
マーク tupera tupera
装幀 木庭貴信（オクターヴ）
印刷・製本 中央精版印刷株式会社

Printed in Japan ISBN978-4-309-63128-8

歴史という教養

片山杜秀
Katayama Morihide

正解が見えない時代、
この国を滅ぼさないための
ほんとうの教養とは――?
ビジネスパーソンも、大学生も必読!
博覧強記の思想史家が説く、
これからの「温故知新」のすすめ。

ISBN978-4-309-63103-5

河出新書
003

一億三千万人のための『論語』教室

高橋源一郎
Takahashi Genichiro

『論語』はこんなに新しくて面白い!
タカハシさんによる省略なしの
完全訳が誕生!
社会の疑問から、人間関係の悩み、
「学ぶこと」の意味から「善と悪」まで。
あらゆる「問い」に孔子センセイが答えます!

ISBN978-4-309-63112-7

河出新書
012

共鳴する未来

データ革命で生み出すこれからの世界

宮田裕章
Miyata Hiroaki

ビッグデータで変わりゆく自由、プライバシー、貨幣
といった「価値」を問い直し、
個人の生き方を原点に共に生きる社会へ——
新しい社会ビジョンを牽引する
データサイエンティストによる、
私たちの「生きる」を再発明するための提言。
山本龍彦氏、安田洋祐氏、大屋雄裕氏との対談も収録。

ISBN978-4-309-63121-9

河出新書
020